有温度的党组织

YOU WENDU
DE
DANG ZUZHI

广东电网有限责任公司江门供电局◎编

南方日报出版社
NANFANG DAILY PRESS
中国·广州

图书在版编目（CIP）数据

有温度的党组织 / 广东电网有限责任公司江门供电局编. — 广州 : 南方日报出版社，2023.5
ISBN 978-7-5491-2696-5

Ⅰ. ①有… Ⅱ. ①广… Ⅲ. ①中国共产党－供电局－国有企业－党的建设－案例－汇编－江门 Ⅳ.①D267.1

中国国家版本馆CIP数据核字(2023)第081203号

YOU WENDU DE DANG ZUZHI
有温度的党组织

编　　者：广东电网有限责任公司江门供电局
出版发行：南方日报出版社
地　　址：广州市广州大道中289号
出 版 人：周山丹
责任编辑：张　高　李　哲　黄敏虹
责任技编：王　兰
责任校对：阮昌汉　朱晓娟　熊丽思
封面设计：邓晓童
版式设计：肖晓文
经　　销：全国新华书店
印　　刷：广东信源文化科技有限公司
开　　本：787 mm×1092 mm　1/16
印　　张：19.75
字　　数：300千字
版　　次：2023年5月第1版
印　　次：2023年5月第1次印刷
定　　价：68.00元

投稿热线：（020）87360640　　读者热线：（020）87363865

本书编委会

主　任：杨亮明

副主任：赖颖东

成　员：陈立斌　邢益岭　武建平　林志军　杨超杰　梁　雁　黄凯荣

本书编审组

顾　问：覃桂平　徐忠伟　黄凯荣

主　编：覃超一

编　辑：谢　锟　张婉婷　梁嘉淇　何婷婷　苏金海　刘思敏
张乔妹　梁建煜　林　原　杨　访　樊慧慧　何　澈
吴卓文　陈　婷　叶慧雯　张晓杰　陈颖贤　冯伟杰
李　文　李淑玲　黄春琼　吴颖华　胡远根　杜晓爱
张　莉　吴礼婷　蓝玉群

前　言

基层党建工作，是党密切联系群众最重要的桥梁和纽带，只有让党建工作如春风化雨般传递温暖，才会催发展新绿，促实效花开，才能更好地彰显党组织的凝聚力和战斗力。一个没有“温度”的党组织，是没有生命力的。党的十八大以来，江门供电局党委坚持以习近平新时代中国特色社会主义思想为指导，按照中国南方电网公司党组和广东电网公司党委的决策部署，坚定拥护“两个确立”，坚决做到“两个维护”，强化党建引领，紧盯基层治理，用心用情打造有“温度”的党组织，让党员群众时时触摸组织脉搏，感受组织温度，让党群关系更加紧密，推动了电力生产建设和经营管理，各项业务绩效位居广东电网公司前列，先后荣获多个国家、省部级奖项，并获新华社、人民网等多家央媒报道，其创新做法与经验，为国企基层单位党建工作提供了实践范本。

本书汇编的26个党组织典型案例，涵盖了党的政治、思想、组织、作风、纪律、制度建设以及党建带群建、干部人才教育培养、企业文化建设等方面内容，是江门供电局各级党组织在理论与实践结合上取得的最新成果，具有鲜明的个性特色，可操作性很强。各级党组织有“温度”。如江门供电局党委2014年起创新搭建了“四法一平台”工作机制，使基层支部组织力提升有了实在的抓手；江门供电局纪委积极构建“12345”党风廉政建设模式，进一步强化供电行业作风，科学防治腐败；新会供电局党委、工会着力建立更有效的平台途径和长效机制，有效维护了员工队伍的稳定；蓬江供电局党委积极探索“党建治违”新模式，切实维护人身及电网设备安全；开平供电局党委、团委通过建立完善“学”“做”相结合的党团协同培育体系，保障团组织的健康发展、活力提升；鹤山供电局党委、工会坚持党建带工建，以“快乐1+”模式带动了“职工之家”建设全面提升；恩平供电局党委将数字化技术引入发展党员的管理中，建立量化评价模型，把好“入口关”；江海供电局党总支首创青年顾家队，积极发动基层团组织开展形式多样的志愿活动；台山四九供电所党支部深挖青年攻关潜力，充分发挥青年在企业一线生产经营中的生力军作用；江门市电力工程输变电有限公司党支部把支部建在项目上，切实提高施工质量和效率；等等。此外，本书还收录了江门供电局25位优秀党员的先进事迹，他们勤劳敬业、勇于创新、乐于奉献，是蜚声行业内外的佼佼者。如全国劳模冯普俊、无人机专家陈益平、技术能手梁达强、江电工匠余健、“五星”班长区建安、“海岛掌灯人”李家党、最美一线工人伍小红、扶贫干部梁晓君等。

这些扎根于实践的典型案例和先进人物，奏响了新时代的主旋律，彰显了江电精神，从不同领域、不同视角展现了江门供电局基层党组织和党员的活力、成效，呈现出一个个“有温度的党组织”——为民服务有“热心”、敬业奉献有“热情”，让党员群众真切感受到党组织就在身边，真切感受到党的关怀和温暖。将这些优秀案例和典型人物事迹结集出版，旨在为直属各单位提供一批可触可碰、可学可做、鲜活生动的样本。希望各级党组织和广大党员进一步学习和掌握新时代党建工作规律及方式方法，切实做好这些来自基层实践且行之有效的党建成果的转化应用工作，持续创新，不断加强，充分发挥党的先进性作用，让党组织温度更暖，党员干事热度更高，党建工作力度更强，以高质量党建推动企业高质量发展。

编者

2023年5月

目录 CONTENTS

煖陽

第一章 暖阳

守正创新引方向

国有企业党委是党的基层组织，发挥领导核心作用。多年来，江门供电局党委紧紧围绕企业发展与改革的中心工作，坚持全面从严治党，积极推动党建工作与业务工作的深度融合。坚持党建带群建，用先进思想武装人，用实际行动带动人，用廉洁形象取信人，用关心爱护凝聚人。各级党委把方向、管大局、保落实，如同和煦暖阳，照亮了新征程前行的方向，让『人民电业为人民』的企业宗旨更加熠熠生辉。

运用“四法一平台”强本固基

江门供电局党委下设10个二级党委、5个二级党总支、178个党支部，现有党员逾2500人。自2014年起，经过不断探索和实践，该局党委创新建立了“四法一平台”工作机制——督查挂旗组织生活法、群众路线谈心法、群众路线行动法、党建成效评价法以及智慧党建App平台，有效夯实了基层党建管理基础，提升了基层党支部的组织力和战斗力。

一、实施背景

《中国共产党章程》规定，国有企业和集体企业中党的基层组织，围绕企业生产经营开展工作。习近平总书记强调，国有企业党的建设要“坚持服务生产经营不偏离，把提高企业效益、增强企业竞争实力、实现国有资产保值增值作为国有企业党组织工作的出发点和落脚点，以企业改革发展成果检验党组织的工作和战斗力”。2018年7月，习近平总书记在全国组织工作会议上指出，要“以提升组织力为重点，突出政治功能，把各领域基层党组织建设成为宣传党的主张、贯彻党的决定、领导基层治理、团结动员群众、推动改革发展的坚强战斗堡垒”。这为新时代国有企业坚持党的领导、加强党的建设指明了前进方向，提供了根本遵循。如何将党中央的指示精神和工作要求落到实处，为做强做优做大电网企业提供坚强的组织保证，是江门供电局党委加强和改进党建工作面临的新课题。

为提升国有企业基层党支部的组织力，形成有效管用、操作性强的方法，以适应新时代、新形势、新任务的要求，江门供电局党委针对基层党组织存在的政治功能弱化、党建基础管理薄弱、党群关系不紧密、发展推动能力不强、党建与业务工作融合度不高等问题，自2014年起，经过不断探索、实践和完善，形成了“四法一平台”工作机制——督查挂旗组织生活法、群众路线谈心法、群众路线行动法、党建成效评价法以及智慧党建App平台，使基层支部组织力提升有了实在的抓手，有效夯实了基层党建管理基础，切实发挥了党支部的战斗堡垒作用和党员先锋模范作用，获得了广泛好评。

二、主要做法

（一）运用督查挂旗组织生活法

制定考核标准。将支部的工作从党委（总支）层面分离出来，制定符合实际情况的县区局党委、二级部门党总支和基层党支部三个层面的党建基础管理评价标准，将支部的所有考核要求整合于一张表，对支部的各种党建检查，无论谁来检查、检查什么，党建部门均先整理成表格内容，为基层减负。而在评分标准上，进行细化简化，有做有分，没做没分，做不到位得一半分，确保检查方和被检查方评分标准一致，实现无差异评分。

“常态化”督查管控。通过“三查”（月度自查、季度互查和不定期巡查），建立常态化党建工作督查机制。支部每月通过智慧党建App上传自查结果，形成支部自主管理大数据，基于此，党建部门再组织开展针对性的互查和巡查。为鼓励基层支部主动暴露问题，实事求是整改，支部达标线按低于100分设定（比如90分即达标，留有10分支部主动暴露问题的空间），并按支部整体水平动态调整，对于月度自查满分的支部，均纳入抽查。

结果“可视化”挂旗和“差异化”归责。通过“三查”发现问题后，在智慧党建App党支部“政治生活广告牌”模块中以挂旗的形式进行公示，分红、黄、灰三种旗。“红旗”表示该支部达标；“黄旗”表示该支部不达标，但其上一级党组织主动管党治党到位，只需该支部整改；“灰旗”表示该支部不达标，且其上一级党组织存在管党治党不到位，负“连带管

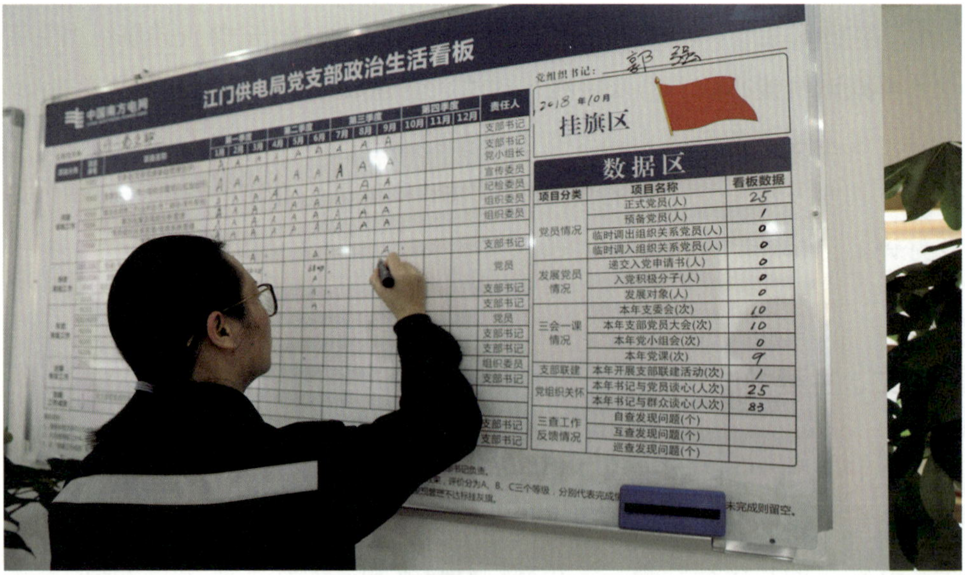

2018年10月，江门供电局变电一所继保自动化党支部政治生活看板

理责任”，该支部及其上一级党组织均须进行整改。进而实现党建基础管理达标与否的直观可视化，以及两级党组织主动管党治党责任“归责的差异化”。

以组织生活法落实整改。被挂“黄旗”时，该支部须在一个月内召开专题组织生活会，开展批评和自我批评，进行专项整改。被挂“灰旗”时，除了该支部须召开专题组织生活会外，其上一级党组织须组织召开专题民主生活会，开展批评和自我批评，进行专项整改，所有整改工作扎实完成并经上级组织验收合格后，方可挂回“红旗”。

（二）运用群众路线谈心法

建立谈心谈话场景模型。结合工作实际情况，建立“第一种形态”“入职、离职、调岗或退休”“人际矛盾或压力”“绩效结果反馈”“受到表彰或处分”“家庭变故或身心健康”和“项目进展情况”等基本场景模型，因应谈心谈话的实际开展情况，定期修编，动态增加、调整场景模型。同时分“谈话前”“谈话中”“谈话后”三个阶段建立谈话过程模型。支部书记、支委等应明晰何时启动谈心谈话，并明晰如何把控谈心谈话的过程。

制作谈心谈话工具箱。结合谈心谈话场景模型，构建包括建立亲和、接纳问句、评量问句、关系问句、奇迹问句、应对问句、例外问句等“目标、资源、一小步”典型句式库，并结合基层支部实践案例不断丰富完善。初期阶段重点对党支部书记进行谈心谈话技能培训，使支部书记掌握相关的方法技巧，成熟后再逐步推广至支部委员和党员。

抓好谈心谈话的后续工作。支部书记在实际工作中遇特定场景或需要时，自行启动谈心谈话PDCA（计划Plan、执行Do、检查Check、处理Action）闭环管理机制。谈心谈话结束后，即将关键信息上传智慧党建App，党建部门定期汇总分类信息，建立党员、员工思想动态库，对于需要支持的问题，按“个案问题”或“群体问题”分发至各归口部门承接处理，并督办跟进落实，已落实解决的问题由支部书记反馈至当事人。

建立督导支持提升机制。为支持支部书记解决实际谈心谈话中所碰到的难点，促进支部书记谈心谈话能力的提升，党建部搭建线上督导平台，定期由党建及心理专家进行督导，并根据案例形成群众路线谈心法最佳实践案例，编辑成册供支部书记参考学习。

（三）运用群众路线行动法

打破常规设置模式，设立项目党组织。根据所要解决的业务难题或需攻关的重点项目等，发挥党组织的纽带作用，成立跨单位、跨部门临时党支部、联建支部等，做到哪里有群众哪里就有党的工作，哪里有党员哪里就有党的组织，哪里有党的组织哪里就有党组织作用的充分发挥。淡化项目内各类组织的体制、隶属、领域观念，通过资源共享实现互联互动、共建互补，把党的政治、组织优势转化为项目优势。比如在江门500千伏串抗工程中就成立了由供电局、政府部门、设计单位、施工单位、监理单位、设备供应商组成的临时党支部。

打破业务党建壁垒，设定组织生活主题。将难题交给支部解，业务行为背后的作风以及作风背后的思想根源就是党建工作。在支部组织生活主题的选择上，不局限于党内的主题，可因应项目的不同阶段将业务难题作为主题，从而推动党建与业务实现深度融合。

打破时间、空间局限，开展组织生活。项目党组织每月至少一次的组织生活是基本要求，但在时间和空间的选择上则具有灵活性，因应项目实际，在项目的某些特殊节点，当需要参与各方共同解决问题时，则马上组织开展支部组织生活。比如2019年4月，500千伏串抗工程的一次组织生活就是在设备到货、配件缺失的情况下，临时在江门500千伏变电站的施工现场组织开展的。

打破方式方法局限，创新组织生活内容。制作群众路线行动法桌布，按“角色分配、行动规则、行动启发、承诺分享”四大模块实现行动法流程的标准化和规范化。借鉴行动学习法并结合党内组织生活的有效做法，因应项目的阶段里程碑需要，引入如愿景共建、群策群力、批评和自我批评、民主集中等组织生活的创新开展方式，实现集思广益。通过阶段性的复盘，不断攻坚克难，推动项目进展。

建立党员责任区，推动责任落实。将任务交给党员干，通过建立党员责任区，设立党员责任区代表，将特定主题组织生活中所形成的任务责任交给党员，由党员带领群众一起抓落实，党员的表现与其季度、年度先进性评价对接，充分发挥党员的先锋模范作用。

（四）运用党建成效评价法

改变党建考核偏重于资料考核的导向，在考核上突出对党建实效的引导，党建基础工作按合格线考评，合格即满分。党建促进业务同比提升程度，以及队伍状态等，则作为支部党建成效的重要考量指标，而支部也可通过党建成效系数是否大于1，直观地了解其党建工作的实际效果，进而让支部组织力强弱得以闭环评价。同时，通过党建成效倒查机制，对党建成效系数小于1的党支部进行排查，分析业务指标徘徊、倒退背后的党建原因，分析队伍凝聚力、思想动态、作风等情况，深挖根源，制定提升计划。通过常态化、量化的评价数据信息，帮助基层支部日常查找工作薄弱环节，有针对性地进行整改，使支部自我完善、自我提升成为常态。

（五）创建智慧党建App平台

为给上述“四法”的实施提供有效的技术支撑，江门供电局党委还着力创建了一个智慧党建App平台。目前该App共有组织概况、调查评价、统计通报、身边党员、心能量、政治生活广告牌、制度查询、活动申请、意见建议等15个功能模块，将日常基础性的党务工作与大数据相结合，在手机端通过电子化形式展现出来。例如它可以收集各级党组织的月度自我评价数据，各基层党委、党总支对所辖支部的基础管理情况一目了然，降低了资料性报表统计的工作量，而在此实施过程中也积累了基层党支部组织力管理的大数据，为后续大数据应用夯实了基础。App自动统计所得数据，可为党建成效评价提供依据，并可发现基层在党建基层管理中的不足，精

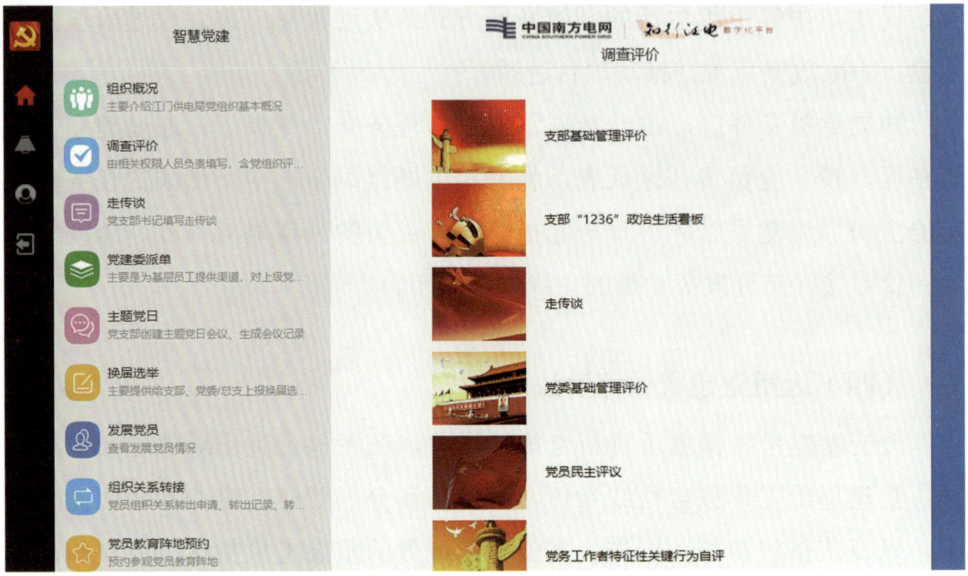

● 江门供电局创建的智慧党建App平台界面

准定位支部培训内容和培训对象，实现党建精益管理。同时，智慧党建App还开发了“不忘初心、牢记使命”主题教育党建工作委派单模块，打通了意见建议及资源需求和为民服务解难题之间的渠道，为群众路线谈心法、群众路线行动法提供了进一步的支撑，提高了基层党支部切实解决问题和服务群众的能力。

三、工作成效

（一）极大地提升了基层党支部党建精益化管理水平

江门供电局党委推行“四法一平台”以来，形成了基层党支部提升组织力的一套方法和闭环管理机制，使企业基层党支部组织力提升有了实在的抓手。具体而言，通过推行督查挂旗组织生活法，强化党支部政治功能，重点解决了支部党内政治生活不规范、党建基础工作不扎实等问题。到2017年，仅用三年的时间，基层支部党建基础管理达标率就从15%提升到100%，实现了支部标准化、规范化建设，夯实了基层党支部组织力的基础。通过推行群众路线谈心法，提升支部书记密切联系员工的能力，从思想上、政治上团结、凝聚广大党员和群众，完成宣传党的主张、贯彻落实党的决定的任务。通过推行群众路线行动法，将业务难题作为党建课题，促进了团队的融合和问题的解决。通过推行党建成效评价法，重点关注基层党支部能否有效完成中心工作任务，将支部党建作用的发挥与支部所在单位、部门的经营业绩关联起来，改变以往党支部党建工作成效无法衡量、无法评价的现状，实现党建工作"软任务"变"硬指标"，"空对空"变"实打实"，为基层党支部自我革新提供可对照标准，同时充分发挥考核"指挥棒"的作用，保证基层党建工作的各项任务落到实处、发挥作用，提升基层党建工作质量和水平。通过创建智慧党建App平台，应用"云大物移智"等新技术，为上述方法的实施提供信息技术支撑。基层党支部书记从"不会管"到"专项管"，从"不愿管"到"主动管"，有了履职意识和能力，便可将党建的"主业"意识落到实处。新华社、人民网、新华网、央广网、《人民日报》（海外版）、《中国电力报》、《中国能源报》、《南方都市报》以及广东卫视等媒体均介绍或转载这一创新做法。江门供电局党支部党建基础管理评价标准被广东电网采用并推广至全省，督查挂旗组织生活法获广东省直单位第六届工作技能大赛暨市县机关工作技能邀请赛优胜奖，成为首个登上该项赛事决赛舞台的电力党建创新项目。

（二）有力地促进了基层党支部党建与业务工作的深度融合

江门供电局党委根据企业基层党支部所面临的新情况新问题，主动改革创新，正确处理好党建工作与业务工作之间的关系，较好地解决"两张皮"问题。例如，500千伏江门变电站串抗改造工程是南方电网支持粤港澳大湾区发展的重点工程，技术复杂，实施难度大，工程进度一度滞后。通过跨单位成立临时党支部，并因应项目推进情况创新临时党支部组织生活开展方式，应用群众路线行动法，建立党员责任区，发挥党员带头作用，有效扭转了前三个月土建工期一直延误等问题，最终实现了提前竣工投运。又如，鹤山沙坪等多个供电所党支部通过采用群众路线行动法和群众路线谈心法，有效扭转了电费回收难、客户投诉多等被动局面，供电所员工的主动性、积极性都得到了长足的提升，有效促进了供电营商环境的改善，充分发挥了党支部的战斗堡垒作用。通过党建引领业务，江门供电局业务考核连续多年位居广东电网前列，综合标杆评价指数整体达到世界一流，所有县区局均达国内一流，是安全生产风险管理体系五钻单位。江门供电局先后获得“2017—2018年度南方电网公司先进基层党组织”“2016—2018年度南方电网公司文明单位”和全国电力行业2018年度“十佳最美基层党组织”等荣誉称号。

四、经验启示

（一）要坚持服务中心和大局，做到党建业务双融合

基层党组织的根本任务，就是坚持以经济建设为中心，抓好党建，促

● 2019年3月，江门供电局面向各级党员干部开展“四法一平台”培训

进企业发展与改革。在国有企业，紧紧抓住党建工作和业务工作的结合点，服从、服务于中心和大局，只有抓党建从生产出发、抓生产从党建入手，推进党建工作与改革发展、生产经营深度融合，创造性地应对、解决企业发展中出现的新情况、新问题，才能锻炼组织、发挥作用、体现价值，才能使基层党组织建设改革创新工作的效果得到逐步显现。

（二）要坚持理论联系实际，走好新时代的群众路线

在工作过程中，要以习近平新时代中国特色社会主义思想为基层党建创新的理论基础，将群众路线等思想、工作方法应用于实际，通过将操作流程细化、具体化，取得新突破，让党支部“教育党员、管理党员、监督党员和组织群众、宣传群众、凝聚群众、服务群众”的作用得到有效发挥，本案例中的群众路线谈心法和群众路线行动法就是成功的尝试。只有这样，基层党建工作才能取得实效，才能被基层的党员和群众认可，才能有效焕发基层党支部的生机与活力。

（三）要以问题为导向，着力破解党建工作难题

企业发展改革的不断深化，对基层党建工作提出了更高的要求。在新时代推进党建创新，必须坚持遵循直面问题的原则，强化问题意识，树立到一线解决问题的工作导向，对突出的短板弱项要扭住不放、持续用力、逐个解决，确保取得实效。同时，为避免流于形式，应结合基层的实际和特点，通过基层走访、召开座谈会、发放征求意见表、暗中摸排等形式，找问题，听意见，并合理确定具体工作方案，聚焦关乎党员群众实际工作和现实利益的重要问题，把发挥党的先进性、解决基层问题的实效性作为检验党建工作的标准，提升党员群众的满意度。

（四）要整合优化资源，推动力量下沉

新时代加强和创新基层党建工作，必须完善治理机制，改进治理方式，下沉治理重心。要通过体制机制和治理理念的革新，打破条块分割的僵局，整合多方力量参与。为此，要把资源、服务、管理下沉到基层，推动相关职能部门力量在基层聚合。要紧紧围绕突出政治功能的要求，优化基层党组织设置，完善基层党建的组织架构，建立功能型党支部，并在重点工作与重大项目中采取联合组建方式建立临时党组织，实现资源共享、互联互动、共建互补，切实把党的政治和组织优势转化为基层生产经营优势，着力提升基层党组织的领导力和组织力。

（五）要以技术创新为手段，提升基层党建信息化水平

当前，大数据正以迅雷不及掩耳之势开辟了社会治理的全新场域，展现了社会治理变革的全新维度。因此，必须借助新技术优势，搭建统一的党建信息和应用平台，创新“互联网+党建”的基层社会治理模式，推进党建信息化的发展进程。当前，应以云计算、大数据为基础，整合企业基层党组织的网络应用平台，运用互联网、视频多媒体、移动媒体等构建一个互动互联、资源共享、立体互动的党建网络平台，构建与创新智慧党建平台长效运行的保障机制。

（撰稿：黄凯荣、林原）

数智赋能　创新党建思政教育模式

2018年以来，江门供电局党委按照统一标准、数据共享、业务协同、先进规范的原则，积极探索数字化转型之路，通过设立党支部堡垒指数、打造智能化党员教育阵地、制作优质学习素材库、创设善学善为交互课堂、完善评价与追踪机制等方法措施，着力构建“数智赋能、个性定制”党支部思想政治教育模式，使之更加贴近基层，更加扎实有效。

一、实施背景

当前，随着信息技术的发展和互联网、智能终端的普及，新时代基层党建也迎来了数字化、智能化发展的新阶段。在数字时代背景下，思政教育面临的环境、资源、对象等都发生了重大转变，推进思政教育数字化、智能化转型越来越彰显其时代必然性。如何结合企业发展实际，将数字化、智能化技术深度引入党支部思政教育领域，赋予其新的活力，使之更加贴近基层，更加扎实有效，充分调动广大党员群众干事创业的积极性，助力企业高质量发展，是我们面对的全新课题。

近年来，中国南方电网公司党组十分重视基层党的建设，要求直属各分子公司结合数字电网建设，积极探索党建工作数字化转型之路。广东电网公司党委提出创建国有企业党建标杆模式，系统实施“党支部建设年”“党支部建设巩固提升年”“党支部建设全面提升年”党的基层组织建设三年行动计划，明确要求基层党支部要通过加快信息化系统建设，不断加强和改进思政教育工作。新形势、新变化、新任务，要求我们与时俱进，通过网络化支撑和数字化、智能化赋能，探索全新的思政教育模式，使之真正转化为企业改革发展的优势。

为此，江门供电局党委从2018年起，积极贯彻落实南方电网公司党组的指示精神和广东电网公司党委的工作部署，在认真调查研究的基础上，紧密结合实际，针对基层存在的缺乏对党支部思想与工作状态的直观认知、缺乏多功能高质量的思政教育场所、缺乏优质的思政教育资源与科学方法、缺乏数智赋能的顶层设计及工作督导等问题，以创建党建思政教育标杆单位为目标，应用数字化技术，通过设立党支部堡垒指数、打造智能化党员教育阵地、制作优质学习素材库、创设善学善为交互课堂、完善评价与追踪机制，着力构建“数智赋能、个性定制”党支部思政教育模式，拓展思政教育空间、丰富思政教育内容、创新思政教育方式、优化思政教育流程、提升思政教育成效，有效发挥了党支部培根铸魂的引领作用，全面提升了党建工作水平。

二、主要做法

（一）设立党支部堡垒指数——为基层党支部思政教育提供精准的数字画像

设定画像的评价维度与指标参数。根据《南方电网公司党支部战斗堡垒作用和党员先锋模范作用考核评价指引（试行）》，从“政治功能、基础管理、平台载体、作用发挥、基本底线、一流业绩”六个维度，设立涵盖党建与业务的基础性、实际性、心理性、荣誉性等共30个指标参数——鉴于工作性质的差异，现初步设计了机关党支部和基层供电所党支部两套指标参数。同时按其性质及重要性设定10%—25%的权重，其中“政治功能”和“一流业绩”两个维度权重占比最高，分别为20%和25%，以彰显江门供电局党委对党支部思政教育成效的重点关注。

数据的获取与处理。数据获取方面，主要方式有二：一是直接调取。设置程序，以季度为周期，从智慧党建系统其他模块中直接调取各类党建工作数据（如基础管理、发展党员、“走传谈”、宣传积分、荣誉积分等），从电网管理平台直接调取各类业务工作数据（如人均工单数、两票不合格率等）。其中，累计类数据取季度末数值，动态类数值取当季度的平均值。二是格式化生成。对于从专业部门报表获取的统计数据（指标排名、违章数量等）以及从调查问卷获取的主观感知性数据（心理压力、团队精神数据等），设置规定格式和标准公式进行格式化处理，生成可用的数据表。数据处理方面，将不同类别的数据进行归一化处理，从原始分变成标准分，用于综合计算。主要方式有二：一是中位数转化方式。对于常规排名类数据，设定同一参数，获取所有支部数据的中位数、最优值和最差值后，将所有支部数据按差值法计算，得出标准分。二是级差转化方式。对于荣誉、创新成果、底线问题类数据，设定基础分值，按照实际情况逐条累加或累减，得出标准分。

对党支部进行精准画像。按照上述确定六个评价维度获取30个指标参数，对基层党支部进行画像，并以雷达图形式展示，让基层各级党组织能直观了解党支部的情况和动态变化，掌握党支部的发展趋势，也能发现哪一维度存在短板。以江门供电局棠下供电所为例，该所党支部2021年第四季度总得分70.23分，比第三季度73.15分下降了2.92分，排名靠后。通过雷达图发现，其“基本底线守得住”这个维度下降最明显，从第三季度的64.2分下降到第四季度的50.8分。再点击进去，继续查看该维度各个指标参数得分情况，可进一步发现得分低主要是因为安全违章次数较多。

（二）打造智能化党员教育阵地——为基层党支部思政教育提供多功能学习基地

江门供电局建设了一个面积为600平方米的智能化党员教育阵地，采用“声、光、电、影”等技术，实施模块化设计，生动直观、寓意深刻地演绎党的建设、思想政治工作和企业文化历史等内容，打造出一个集展示、宣传、学习、讨论于一体的多功能思政教育基地。

学思践悟展厅。党员在学思践悟中领会初心使命，促成在知行合一中主动担当作为。“学”篇章，分设“道路自信”“理论自信”“制度自

2020年9月，江门供电局党员群众在党建教育阵地通过视听方式感悟榜样的力量

信”“文化自信”学习窗口。提炼“四个自信”关键词，配套设计相应的故事与资料。运用红外交互技术，党支部的党员群众可以开展分组比赛，寻找对应的典型故事，化“被动看”为“主动想”。“思”篇章，通过观看改革开放40年发展成就短视频，启发党员群众对实现中国梦进行思考，进而引发对自己职业发展“目标、底线、资源”的思考。“践”篇章，分设“历史之壤”“精神之根”“动力之源”“行动之树”“文化之果”五个模块，展示党史、电力史、华侨史，彰显独立自主、实事求是精神以及展示党的建设、企业文化与业务工作，从前人实践成果中学习处理各种难题的实践经验。“悟”篇章，开设“心能量体验屋”，用职业发展模拟游戏进行心理测评和赋能，帮助党员群众领悟内心所需所想，明确职业方向，进行自我调适，以更加积极的心态去面对今后的工作学习与生活。同时，展厅通过江门供电历史先进人物的口述音频“党员说”，让党员群众领悟电力人的精神品格，从外部汲取不畏艰辛、矢志奉献的精神力量。

沉浸式党史剧场。剧场设立在270°投影空间，播放反映不同内容的党史视频，例如体现共产主义理想的“觉醒年代”、体现实事求是精神的“三湾改编”、体现群众路线的“半条棉被”、体现独立自主精神的“种苹果的院士”、体现辩证思维的“捉放蒋”等，引导党支部党员重温党史，回到当年场景开展代入式学习，领会革命先辈的精神特质，学习化解险境的方法论。同时配置投影器材、课桌椅、画布画板、练习工具等，供学习讨论及制定行动方案之用。剧场还设置“入党誓词”板块与“时光胶囊”空间，让党员重温过往与寄语未来，坚定行动信念。

（三）制作优质的学习素材库——为基层党支部思政教育提供丰富的资源给养

根据上级关于加强党建工作的总体要求，对党支部思政教育内容素材进行全面的搜集整理、补充完善和编撰优化，按照解构、搭配、重塑的“三步法”，创新生成“课程大餐”，并运用现代数字技术和媒体技术，对其进行媒体化、场景化、形象化转换，成为可视、可感、可触、可互动的优质思政教育资源库。

聚合编撰党建通用素材包。定期收集党史、新中国史、改革开放史、社会主义发展史、中华民族发展史上的历史故事，中共中央和国务院最新文件，各行业特别是南方电网系统内的典型模范的事迹等，制成“四个自信”“党的二十大”“团队建设”“攻坚克难”等4个方面的通用素材包，供党支部开展思政教育时选用。

精心制作专业专题学习包。根据江门供电局年度重点任务清单、关键指标和生产经营难题纪录，分专业类别定制“安全”“服务”“廉洁”“法治”“创新”等专题学习包，实现对不同群体党员的精准教育。例如制作党建融合业务经验数据库。该局收集本单位2020—2022年党建融合业务的487个案例，按专业划分成“安全生产”“营销服务”“规划基建”“经营管理”“党建创新”“党风廉洁”“思想建设”7个领域，形成内部党建融合业务经验，归类存放于对应专业的学习包中。

拍摄具有侨乡人文与电力特色的影音资料。拍摄反映五邑华侨回国创业的短视频、江门供电人积极投身粤港澳大湾区电网建设的系列短片等。以制作“党员说”音频为例，收集江门供电局先进典型，形成人物库数据，分“筚路蓝缕”“工匠精神”“创新创客”“攻坚克难”等6大类整理成先进典型口述历史的“党员说”系列教育音频，用红色电力故事帮助党员增强行业光荣感、使命感，讲好楷模之声。

搭建数据控制平台。该平台包括互动内容后台和中央控制平台，党建工作部可在互动后台更新通用素材包、专业专题学习包等内容，然后分主题打包存放于中控平台，各支部确认主题与需求后即可一键调取。

（四）创设善学善为交互课堂——为基层党支部思政教育提供知行合一的活化场景

善学——灵活设计，因材因人施教。根据党支部思政教育的不同内容和场景，有针对性地设计不同的学习方式。例如，结合实际工作设计冲突场景，组织支部党员对“抢修现场安全、客户、指标哪个更重要”等问题进

● 2019年9月，江门供电局党建工作部现场开展群众路线行动法培训

行线上投票。投票采用匿名方式，消除“社会赞许效应”带来的偏差，真实收集基层一线的看法。每次投票数据和历史数据即时展现在屏幕上，激发党员对比思考。数据存储于系统中，为党组织后续管理提供科学依据。又例如，根据青年党员、团员特点，创新设计富有电力行业特色的团队合作类党建桌游“代号D”。党员模拟基层供电所内部角色，同心协力处理各类任务，完成企业生产经营目标。上述灵活的设计，使教育课堂实现从单向宣贯向互动体验升级。

善为——集思广益，制定行动方案。通过学思践悟展厅、沉浸式党史剧场的学习，参与学习的党员群众围绕在当前党支部工作中存在的短板或遇到的难题，发散思维，展开讨论，集思广益，研究对策，然后逐一归类总结，制定具体行动方案。同时对行动方案进行电子化存档管理，使之能直接一键导出成PDF，存储于“智慧党建”系统中，这样不但可以直观评价党支部的产出成效，还可以直接生成党建工作的委派单，所有党支部都可以在智慧党建系统上看到别人的行动经验。通过团队共学共建，实现教育课堂从个人收获向团队产出升级。

（五）完善评价与追踪机制——为基层党支部思想教育提供可视化的成效验证

现场测量分析团队沟通行为。对在智能化党员教育阵地中学习的党支部，现场应用团队沟通测量分析系统进行测量，生成团队沟通网络图。通过分析支部的沟通模式，准确定位人际网络的关键点和薄弱点，找到团队的意见领袖。党支部书记可参考分析结果开展后续工作，在个体层面对关键点和薄弱点开展谈心谈话、书记家访等引导活动；在团队上开展组织生活会、对标联建等组织活动。此外，团队沟通测量分析系统还可以分析党支部对教学内容的兴趣分布，分析支部讨论动态热力图，确定哪些环节内容引发的讨论氛围最热烈。

建立成效评价与追踪机制。利用智慧党建系统党支部堡垒指数进行画像，对党支部共创的业务解决方案所对应的业务指标进行持续管理。比对开展思政教育前后一个周期内业务指标变化情况，并追踪该指标的巩固情况。从改进效果、巩固效果两个维度来检验思政教育产出方案的实施效果。

三、工作成效

（一）数智赋能，使党支部思政教育真正大起来、视野真正宽起来、内容真正活起来

大数据、人工智能、移动互联网等技术的应用，为党支部开展思政教育提供了多维度的精准画像、多功能的活动基地、多样化的学习素材与方法以及多层级评价追踪机制等，使优质资源得到共享利用，有效提升了党支部思政教育质量与水平。如在智能化党员教育阵地的实践教学中，党员群众通过观看视频、扫描参与、红外互动、动画反馈、心理测试等活化场景，充分感受“体验式”和“沉浸式”课堂的乐趣，不仅提高了党员群众的参与度，还充分调动了党员群众学习思考的自主性，反响良好。2021年6月，本模式荣获第三届人民网内容科技大赛优胜奖（二等奖）；同年9月，

在颁奖仪式上受邀做优秀案例分享。2021年11月，在首届中国网络媒体论坛新技术新应用新业态展示会上展示，得到了业界的肯定。2022年4月，参加第五届数字中国建设峰会2022年数字创新大赛，荣获数字党建赛道三等奖。2022年12月，成果获广东电网公司2022年度党建思想政治工作优秀研究成果一等奖。

（二）个性定制，使党支部思政教育目标更加明确、方法更加精准、效果更加突出

在数字化、智能化技术的赋能下，本模式彻底改变以往千篇一律、一成不变、照本宣科的做法，更加个性化，更加多元化。基层党支部可以根据自身的工作实际、遇到的困难问题和党员群众的需要，自主选择主题、内容、方法和时间，有针对性地开展思政教育活动，从而达到沟通心灵、启智润心、激扬斗志的效果，有效促进了党建工作与生产经营深度融合。截至2022年底，江门供电局基层党支部结合主题党日，共开展了246次思政教育，其中有163次是针对“一流业绩”短板来开展的，形成了基于28类业

2020年11月，江门供电局各党支部轮流在沉浸式党史剧场观影学党史

务难题的300多项业务解决方案，有效解决了电网重点工程建设、基层安全生产管理、电能替代升级等业务难题，切实为群众办实事。其中，供电所党支部累计开展了152次思政教育，有129次收到明显成效，其在下一周期的各项工作业绩均有提升。江门供电局党支部思政教育模式推广应用以来，得到《人民日报》、新华社、“学习强国”学习平台等主流媒体和平台的报道。截至2022年底，南方电网内部兄弟单位、南水北调集团以及政府机关、医院、大学、银行等政企单位共36个外部党支部先后应用本模式体验思政教育活动，给出了一致好评。

四、经验启示

（一）要遵循规律

实践的成功离不开对事物发展规律的遵循把握，党支部思政教育将伴随着数字化、智能化技术的进步而进步、发展而发展，具有鲜明的技术特征和时代属性。因此，必须正确处理好继承与创新的关系，进一步厘清“教”与“学”的关系，辩证地看待数字化、智能化带来的利弊关系。只有遵循思政育人规律，把握新时代发展趋势，注重新技术、新媒介的运用和传播，以更加科学化、更加高质量的思政教育内容、教育方式以及教育活动，满足党员群众个性化、专业化、多元化的需求，才能更好地肩负起立德树人的重任。

（二）要抓住关键

面对新时代、新任务和新要求，要进一步加强和改进基层党支部思政教育，必须抓住两个关键点：一是数字化、智能化技术的应用。数智化转型是提升党支部思政教育质量的方向和路径，完善信息化设施建设势在必行。要运用新技术新媒体使思政教育真正活起来、党员群众动起来，使思政教育更有时代感和吸引力。二是思政教育人才的培养。应吸纳更多党建专家、政工师及管理人员，形成育人合力。要重点抓好对思政教育者特别是党支部书记的培训，使之具备数智思维和技术设备的应用能力，具备与教育对象平等沟通的素养和人际互动技能。

（三）要强化协同

构建“数智赋能、个性定制”党支部思政教育模式是全要素、全流程、全业务和全域性的过程，党建、工会、团委及各业务部门应主动加入思政教育中去，打破相互分割、各自为政的碎片化状态，搭建低成本、高质量、广覆盖思政教育平台，建立上下联动、内外协同的新机制、新生态。要跳出传统媒体的本位和思维，根据党支部和党员群众的需求，实现线上线下协同发力的样态。如开设集资源共享、在线互动、网络宣传等于一体的“云上”大思政课平台等。因此，党建工作者应主动拥抱这种融合，相信未来教育实践与网络技术的融合会更加全面深入。

（撰稿：吴卓文、梁建煜）

着力构建“12345”党风廉政建设模式

近年来，江门供电局纪委坚持从严治党，围绕中心，服务大局，突出重点，通过建立一套风控机制，打造两个廉洁阵地，构建三环监督格局，树立四个价值导向，开展五进廉政教育，构建起一个颇具特色的“12345”党风廉政建设模式，厚植廉洁文化，筑牢廉政防线，提升纪检监察效能，营造风清气正的政治生态，为企业改革发展保驾护航。

一、实施背景

党的十九大报告指出，中国特色社会主义进入新时代，我国经济已由高速增长阶段转向高质量发展阶段。在改革发展的新形势下，随着竞争性业务、国际业务和职工持股改革后企业发展的变化，供电企业面临的经营形势和发展环境更加复杂多样，新业务、新业态、新环境会给党风廉政建设和反腐败工作带来新的风险和困难挑战。如果全面从严治党跟不上、党风廉政建设不到位，将会影响到供电企业的健康稳定发展，甚至制约电网公司整体创一流的进程。

近年来，江门供电局纪委立足企业如何落实习近平总书记关于党风廉政建设和反腐败斗争的一系列讲话精神和彰显国资央企系统的时代担当，在深入剖析新时代全面从严治党要求和供电行业改革发展形势的基础上，以全面性、超前性、根源性、有效性为内涵特征，积极构建“12345”党风廉政建设模式，进一步优化供电行业作风，更加科学地防治腐败，在企业内部营造出风清气正的政治生态。

二、主要做法

（一）分工并进，建立一套风控机制

实行分岗查险，即组织企业各部门关键岗位人员根据风险评估标准及模板，分析本岗位常态化工作廉政风险，形成供电局层面的风险控制库。

实行分险设防，即针对风险点及风险等级研究制定风险管控措施，并结合防控措施做好日常业务风险防控。

实行分级预警，即建立蓝、黄、红三级预警机制，对本单位或系统内发生的事件、近期高风险工作等发出预警，并制定降险方案。

实行分层问责，即按照“谁主管谁负责、谁管理谁防范”的原则，明确如发生员工严重违规、违纪、违法行为，除惩处当事责任人外，须追究上级直接主管负责人的管理责任。

实行分权制衡，即通过督促企业各级领导班子严格执行“三重一大”事项集体决策制度、梳理和调整岗位设置以及业务协同性梳理，加强对权力的制衡。

（二）内外并举，打造两个廉洁阵地

对内，打造全感官廉洁宣传阵地。注重从员工的感官体验提高宣传的效果，通过视觉与听觉、时间与空间、历史与现实的相互交融和渗透，打造全感官体验的廉洁宣传阵地，让员工耳濡目染，实现经常性的宣传和提醒。一是将廉洁标语、廉洁提醒、廉洁微视频等融入生产办公等各类场所中，营造潜移默化的视听宣传效果。二是充分利用互联网、新媒体传播快、受众广的特点，在线提供政策法规、警钟长鸣等廉政信息，实现实时快捷的线上宣传效果。三是经常性举办廉政教育讲座、道德讲堂、廉洁感悟分享、好家风宣传等主题活动，由以往单向灌输的宣传方式转变为互助分享的交流方式。

对外，打造全透明廉洁服务阵地。营业厅作为供电企业与客户直接打

2022年8月，江门供电局党员干部前往开平市荻海风采堂参加廉洁教育活动

交道的服务窗口，是“以电谋私”“吃拿卡要”等廉洁风险的高发地。通过打造营业厅廉洁服务阵地，作为企业廉政建设的对外窗口，做到客户办电信息透明、供电服务承诺透明、廉政举报方式透明，使客户用明白电、交明白钱，防止因信息不对称滋生腐败，能有效整治行业不正之风和群众身边腐败问题。

（三）全面强化，构建三环监督格局

强化业务自我监督。把强化业务部门的监督职能作为构建大监督格局的重要一环，按照“业务谁主管、监督谁负责”的原则，把监督寓于业务管理之中，建立自我监督的计划管理、进度管控、风险分析、闭环监督等常态化机制，推动各业务领域自我监督意识的强化和自我监督能力的提升。

强化纪委专职监督。强化纪委监督执纪问责的职责，而且要把监督作为纪检部门的第一责任。聚焦“四风”、违反中央八项规定精神等突出问题，紧盯业扩报装、工程分包、物资采购等关键领域，建立常态化监督检查工作机制，通过“四个相结合”（纪检与业务相结合、专职与兼职相结合、监督与教导相结合、周期性与效能式相结合），提高监督的质量和效率。

强化群众外部监督。在为民服务的过程中，重视并认真倾听社会群众的声音，充分保障群众的知情权，鼓励群众监督，着力解决群众反映的突出问题。同时，基于供电企业体量大、职工多之特点，充分运用好内部职工的民主监督，做细做实谈心谈话制度、职工代表巡视等工作，广泛收集职工的意见和建议，实现对党员领导干部自下而上的监督和约束。

（四）文化引领，树立四个价值导向

对党忠诚方面，引导党员干部自觉维护党中央权威、遵循组织程序、服从组织决定，在言行上保持对党的绝对忠诚。

待客信诚方面，引导干部员工践行社会服务承诺，杜绝在供电服务过程中发生“以电谋私”、损坏群众利益的行为。

为人坦诚方面，引导干部员工自觉抵制各种风险和利益诱惑，杜绝一切损公肥私、假公济私的行为，自觉规范“八小时以外”的活动和行为。

干事赤诚方面，引导干部员工切实履行岗位职责，正确运用手中的权力，把踏实干事、求真务实的工作作风付诸实践。

理念转化方面，对应“对党忠诚、待客信诚、为人坦诚、干事赤诚”四个导向，划定具体的行为底线，并加以宣传教育、文化熏陶，让每位党员干部清楚“禁区”所在，明确“什么该为，什么不能为”，通过树立起底线意识和红线思维，潜移默化地影响和带动干部员工的行为习惯，从而逐步培育出良好的政治生态。

（五）因地制宜，开展五进廉政教育

进班子。把全面从严治党引向深入，必须紧紧抓住领导干部这个“关键少数”，充分发挥领导班子“头雁效应”，坚持做到班子带头履双责、学廉情、讲廉课，持之以恒“补钙强骨”。

进支部。在企业内部推行“一部门一支部”“一所一支部”，充分发挥党支部在反腐倡廉工作中的先锋作用，通过规范化常态化运用监督执纪“四种形态”，固化“政策宣贯、案例剖析、热点解读、专题研讨”的支部廉政学习模式，并积极调动支部纪检委员当好“监察员、情报员、教导员、宣传员”，实现抓早抓小和深刻教育，从而推动全面从严治党在每一个基层党组织落地生根。

进班组。结合基层班组业务实际和人员特点，探索廉政教育的新途径和新方法，将廉政教育融入班组日常管理。在班房开辟廉洁专栏，在班组作业表单中加入廉洁提示，并将相关学习内容纳入班前班后会和班组培训，领导干部定期到基层班组“走传谈”，在日常不断的教育提醒中强化班组人员廉洁从业意识。

进项目。将电网工程项目和业扩报装项目作为两大关键领域，把廉政教育有机地融入到项目管理之中。对于电网工程项目，通过构建亲清新型政商关系，列出政商交往的原则和底线，开展工程项目开工前廉洁交底，实现电网建设廉洁风险管控关口前移。对于业扩报装项目，实施业扩100%

● 2023年2月，江门供电局党委组织召开党风廉政建设和反腐败工作会议暨警示教育大会

回访，由纪检人员调查掌握员工在服务过程中是否存在“以电谋私”“吃拿卡要”等行为，有针对性地进行教育提醒。

进家庭。强调领导干部要把家风建设摆在重要位置，通过良好家风的建设和家属的监督提醒，更好地引导干部员工廉洁修身、廉洁齐家。以“家庭、家风、家教”为切入点，通过聘任筑牢家庭防腐墙的“廉内助”、开展“好家风引领好作风”系列家庭活动、发动“书记家访”送廉语、创建家企互联互通信息平台、评选“最美家庭”传播正能量等多元化、人性化形式，引导职工及家属传承好家风，加强家企互动，共同守廉护廉，携手做好“八小时以外”的监管工作。

三、工作成效

（一）厚植了廉洁文化，营造了良好政治生态

江门供电局纪委立足《中国共产党纪律处分条例》《中国共产党廉洁

自律准则》等刚性原则，通过建设正气充盈、富有活力的党内政治文化，牢固树立“对党忠诚、待客信诚、为人坦诚、干事赤诚”的价值导向，重塑了全体党员领导干部的价值理念。主动探索适应新形势的党风廉政建设宣传工作的方式方法，充分利用新颖的宣传载体，形成全方位、多角度的立体宣传态势，增强宣传的鲜活性和感染力。不断创新探索差异化的廉政教育模式，推动廉政教育“进班子、进支部、进班组、进项目、进家庭”，涵养“不想腐”的内在自觉。持续深化廉洁教育，引导全体员工坚守廉洁底线，依法依规履职，清清白白干事创业，营造了风清气正的政治生态、心齐气顺的工作环境，为企业改革发展提供坚强的纪律保障。

（二）筑牢了廉政防线，提升了纪检监察效能

江门供电局纪委从加强全面从严治党的战略高度，健全企业内外监督体系，结合供电行业实际，构建环环相扣的“大监督”格局，形成监督合力。针对权力运行中的风险和监督管理中的薄弱环节，主动超前预防，加大对权力的问责和制约力度，建立了一套行之有效的廉政风险防控机制，掌握了反腐倡廉建设的主动权，有效增强了反腐倡廉的预见性、可操作性和实效性。纪检监察工作从过去“一把抓”“一锅端”的方式，逐步向分层分级、有针对性的方式转变，推动了廉政风险管控与日常业务管理“四同时”，做到年度目标考核和党风廉政责任制一起抓，同时通过风险点的查找，促使广大党员干部岗位职责更加明确，工作方法不断创新，工作效率明显提升。从近几年查办的违规违纪问题来看，基层单位中群众身边的微腐败问题逐步减少，实现了对廉政风险的有效防控。

四、经验启示

（一）要强调系统功能，注重抓常抓长

“12345”党风廉政建设模式坚持无禁区、全覆盖、零容忍，并结合了供电业务的特点。因此，要全面考虑党风廉政建设的机制建立、宣传教育

方式、文化内涵、监督管控等各个关键环节，将各项党风廉政建设举措构成一个严密的系统，嵌入各项业务，融入日常管理。通过体系化的持续运作，实现对党风廉政建设的常态化管理和长效闭环管控。

（二）要强调预防功能，注重抓早抓小

“12345”党风廉政建设模式强调“治病救人”和“防微杜渐”。因此，要将纪律管控关口前移，积极引入安全风险管理思路，构建廉政风险防控机制，有效应用“四种形态”谈心谈话，突出范围更广、程度更深的宣传教育，在日常工作中和“八小时以外”形成更加广泛、更具震慑力的警示效应，实现监督、执纪、问责从事后到事前的转变。

（三）要强调治本功能，注重抓源头导向

“12345”党风廉政建设模式深化“标本兼治”和“源头治理”。因此，一方面要注重从制度、流程的源头堵塞漏洞，强化机制建设和流程管控，把腐败关进制度的笼子、扼杀在流程的源头；另一方面突出从思想根源加强引导，将文化建设融合落实到日常每一项具体工作中，唤醒“不想腐”的思想自觉，让廉洁自律成为干部员工发自内心的自觉行为。

（四）要强调实效功能，注重抓有形载体

“12345”党风廉政建设模式注重与时俱进。因此，要突破思维定势，根据新时代全面从严治党的要求，将廉政建设管控内容从过去主要抓廉洁纪律拓展到六大纪律要求，将廉政建设管控对象从过去主要针对领导干部、关键少数拓展到分层分类的普通大多数，坚持重遏制、强高压、长震慑，赋予党风廉政建设有形、有实效的载体和手段，推动党风廉政建设工作软硬兼修，从虚走向实。

（撰稿：黄洁茹、覃超一）

坚持党管人才　加强五类人才培养

2021年以来，江门供电局党委立足新的发展阶段，贯彻新的发展理念，积极实施人才强企战略，针对企业人才培养中存在的问题与短板，抓住培养重点，着力加强管理型人才、技术（技能）型人才、班组长、青年人才、创新型人才的培养，形成了一套行之有效的方法，优化了五类人才的培养机制，打造了一支坚强的人才队伍，激发了企业发展的内生动力。

一、实施背景

人才是“企业第一资源、发展竞争之本”。中国南方电网公司在人力资源“十四五”发展规划中提出，到2025年要基本建成具有世界一流企业特征的战略性现代人力资源管理体系，核心人才队伍实现倍增和新的突破，人力资源结构显著优化。广东电网公司在“十四五”发展规划中提出，实施人才强企战略，持续激发企业活力，提高人力资源产出效能，为创建“全国最好、世界一流省网企业”提供有力支撑。

供电企业必须在新型电力系统构建、全面深化改革、创新型企业建设、现代化电网建设、可靠供电和服务均等化、产业结构优化、公司治理效能、企业软实力等方面不断取得新的突破，才能在未来的竞争中赢得主动。

自2021年以来，江门供电局党委坚持党管人才，针对企业人才培养存在的问题与短板，不断优化人才培养路径，有步骤、有针对性地培养管理型、技术（技能）型、班组长、青年、创新型五类人才队伍，形成了一套行之有效的方法，为企业高质量发展提供了坚强的人才保障。

二、主要做法

（一）着力加强管理型人才培养

开展管理人才能力测评。建立管理人才能力测评模型，开展管理人才能力测评，实现对管理人才能力要素的全面盘点，了解干部的能力素质与岗位的匹配程度及能力短板，有针对性地实施能力提升计划；同时将测评结果与绩效评价的结果相结合，明确干部后续任用和培养的方向，提高干部管理工作的效率。根据测评的短板以及考核的结果，系统规划，有针对性地搭建学习平台，开展管理人才培训工作。

抓好思想与政策教育。结合国家政策以及上级规章制度，每年至少开展一次思想政治教育。开展廉洁教育培训，定期组织观看警示教育片，参加廉洁从业大讲堂，组织签订廉洁承诺书等；组织纪律学习，组织干部学习相关管理制度，使干部懂制度，执行制度。通过明察暗访、定期检查、突击检查等形式，全面查找和纠正当前存在的不规范行为。

优化管理知识培训。通过开展团队建设知识专题轮训、网络通用管理知识培训、直线经理知识培训等，提升团队管理能力。通过开展班子诊断、班子对话、管理分享会、上讲台授课、读书活动等，提升事务管理能力。

打造各种锻炼平台。统筹安排挂职工作，主要采用帮扶挂职、锻炼挂职两种方式，解决管理人才工作历练单一的问题，提升综合管理能力。根据监督审计项目专业范围和工作性质，选派干部参与监督审计工作。同时组织管理人才参与各业务线开展的大型项目，增强实践锻炼。

严格考核与反馈。组织领导干部签订岗位责任书，从事前、事中和事后多个维度，对领导干部个人的绩效进行全面跟踪、监测和反馈。搭建“述职述学”平台，让领导干部同台展现年度工作业绩及学习成果，提高干部公众演说能力。以年度考核、试用期满考核、专项考核等方式开展领导干部考核，帮助干部找出胜任能力差距，发现履职短板，提升自己。

（二）着力加强技术（技能）型人才培养

强化培养管理。对技术（技能）人才培养体系程规划、人才甄选的标准和程序的制定、培养对象的确定和培养计划的统筹安排、过程管控与考核等进行全面的优化。对新选聘的技术（技能）人才，聘任单位在一个月内与其签订任期目标责任书，制定明确的任期工作目标和年度工作目标，并按期进行督查。每年2月，由人力资源部参照高一级别的技术（技能）专家选聘条件，先与培养对象共同商定年度培养计划，再按照基础、胜任、领军三个层级开展进阶式培养。三年任期结束时，严格考核，任期考核为优秀的，直接续聘。

落实培养措施。有针对性地设计技术（技能）型人才专业培训方案及课程，通过开展专题培训、半年座谈、厂校送培等，不断提高其专业技术知识水平。通过开展轮岗锻炼、技术实践、“师带徒”培养等，不断丰富

● 2023年夏，开平供电局开展青年员工练兵比武竞赛

其工作经历，提高其技术（技能）业绩。通过搭建科技项目参与专项通道、外出交流、科研考察、研究进修等，不断提高其科技创新与研发能力。

（三）着力加强班组长培养

建立模块化的班组长培训模式。认真分析、评估班组长工作及职业发展路径，结合企业发展要求，找出不同业务线班组长培养的共性与差异，提炼需培养的能力，形成模块化的培训课程，并每年滚动更新。注重技能与意识培养，通过全员轮训、资格专项培训、学习岗锻炼等，提高班组长的专业水平。注重管理者角色培养，通过集中专项培训、定期座谈交流等，提高其工作执行力。注重员工辅导、团队教练培养，通过直线管理者教育、团队教练训练、内训师训练、行动学习训练等，提高其班组管理及带队伍能力。

建立多层次班组长激励机制。一是薪酬激励。每年组织一次优秀班组长评选，按照“贡献与待遇对等，激励与考核并重，定性与定量结合”的原则，让优秀班站长享受更高岗级薪酬待遇。二是精神激励。创新各种精神激励方式，通过“江电之星”“班站之星”“我的班长我的班”等活动，传唱班站长的先进事迹和典型经验，增强班组长岗位荣誉感。三是晋升激励。通过三个结合（班组长岗位与管理岗位晋升相结合、与薪酬待遇相结合、与专业技术技能人才通道相结合），拓宽班组长上升通道。

（四）着力加强青年人才培养

抓好青年人才的选拔。根据青年员工的学历、年龄、岗位胜任能力评价成绩、绩效等级、技术技能水平等条件选拔出符合条件的培养对象，建立50人的青年人才库，并明晰其职业发展路径以及培训与发展需求。选拔采取“部门推荐+测评选优”的形式。

抓好青年人才的培养。将青年人才的自我发展与定向培养相结合，按“重基础、分方向、多历练”的培养思路，通过教育培训、专家辅导、练兵比武、岗位互换等方式，促进青年人才成长。

抓好青年人才的管理。青年人才培养全过程采取积分机制，参与各项培训、学习及工作任务均可获取相应积分。最终的考核采取年度多环节综合考核的方式，年度考核排名前20%的青年人才，优先被推荐纳入青年人才库进行管理。同时严格实行青年人才的退出与补充机制。

（五）着力加强创新型人才培养

启动项目——制定行动计划。聚焦技术创新、管理创新、微小改善等方面，面向各专业部门、各单位收集研究课题项目，经筛选纳入项目库。鼓励全局范围内有意向的员工积极报名参与项目研究，通过公开信息、公平竞争、公平评选的“三公”方式选拔人才，激发员工的创新活力，从报名人员中选拔并组建项目小组，在项目攻坚过程中培养和发现创新人才。

组建团队——确定组织学习方式。每个团队配备指导老师2至3名，老师由专业部门项目牵头人与技术技能专家或广东电网公司管科院、电科院等单位的外部师资组成，建立团队沟通机制，明确团队成员分工及职责。每次培训研讨，均通过案例介绍、小组研讨与交流，系统地总结经验，以提高成员判断和处理实际发生的各类问题的能力。

组织项目攻坚——在实践中锤炼创新能力。训战一体化，以解决问题为结果导向，强化训战结合式课题的过程管理，严格按照立项、中期答辩、结题答辩的流程进行，严把课题“结题关”。指导老师和专业部门对项目做全过程指导，并提供管理工具辅导、团队运作专业指导和必要的技术支持和配合。建立项目小组定期汇报和反馈机制，及时协调解决项目研究过程中碰到的问题。

实施项目后评价管理——强化成果应用。建立以质量、绩效、贡献为核心的评价机制，对训战结合式课题的完成情况进行评价，进一步加强课题成果的应用。项目结题后，根据项目评审得分和个人日常表现对每位团队成员进行综合评分，将分数记入人才管理台账。组织推荐成熟度高的项目申报各业务领域的管理创新、技术创新和职工创新评选等。

建立考核激励机制——畅通职业上升通道。实施以创新能力认证与评价为基础的职业发展体系，推行职位、能力和绩效三位一体的全面薪酬策

● 2019年5月，江门供电局举行青年人才拜师礼

略。加强和规范训战结合式课题的过程管控和验收评估，确保项目成果质量和水平，强化项目承担主体责任落实，逐步完善配套考核机制。加大对敢于负责、勇于攻坚、善于创新、实绩突出的创新人才的宣传表彰力度，增强创新人才的政治使命感、职业荣誉感。

三、工作成效

（一）优化了五类人才的培养机制

首先是搭建了分类培养的规划地图，明确五类人才选拔和晋升的资格条件，以科学测评和业绩评估相结合的方式开展选拔，严把入口关。其次是实现了人才分类培养，为每类人才开发一套精品课程，并针对各类人才的特点和成长需求，实施不同的培养锻炼举措。最后是完善了考核激励机制，推行积分管理模式，明确考核激励措施，对表现优秀的，优先推荐晋升；对到期未晋升、积分不达标、考核不通过的，建立“能进能出、能上能下”的人才选拔考核机制。精细化培养取得了明显成效，以班组长为例，通过三年培养，30岁及以下青年员工中班组长以上岗位人才比例提升到近30%，人力资源开发水平显著提升。

（二）打造了一支坚强的人才队伍

以提升核心竞争力为目标的人才培养体系的构建与实施，打造了一支类别清晰、素质优秀、结构合理的包括管理、技术、技能等各类人才的队伍，为企业高质量发展提供了坚强的人才队伍支撑。以青年人才为例，江门供电局团委的调查显示，大部分青年对自己的工作能力有信心，有93.9%（1705人）认为自己能够胜任当前岗位的工作，有83.9%对自己的工作表示“非常满意”或“满意”，干事创业氛围浓厚，工作能力与状态俱佳。最近一年内参加各类创新创效项目的受访青年员工比例达到51.9%。青年员工追求技术进步的氛围较为浓厚。

（三）激发了企业发展的内生动力

自项目实施以来，五类人才快速成长，企业内生动力不断激发，企业核心竞争力大幅提升，有力支撑企业高质量发展。改革三年行动年度目标圆满完成，企业制度体系建设更加成熟定型，三项制度改革取得新的突破。电力技术攻关取得新成效，自主研发了南网首套、国际先进的车载移动变电站，全国QC（质量控制）成果一等奖数量位居行业第一。9项关键指标大幅提升，各类领先项目如期建成，突出打造了110千伏仲元智能变电站、220千伏外海巡维中心智能变电站改造、新一代低压配网载波通信研究和无人机三维测绘系统等一批优秀成果，获广东电网公司决战决胜“全国最好2021”集体奖1项、指标奖1项、项目奖10项。

四、经验启示

（一）必须坚持党的领导，把握时代特点

要全面贯彻习近平总书记关于新时代人才工作的新理念、新战略、新举措，坚持党管人才，进一步解放和增强人才活力。要坚决贯彻落实南方电网公司党组和广东电网公司党委决策部署，始终在大局下思考，在大局下行动，明确指导思想、战略目标、重点任务、政策举措和实施路径，抓细抓实，奋发有为，开拓新局，为企业实现高质量发展提供源源不断的人才储备。

（二）必须坚持战略引领，抓住培养重点

当前，电力市场化改革纵深推进，新型电力系统建设加速发展，做好五类人才培养工作，必须聚焦南方电网公司和广东电网公司发展战略目标，锚定员工成长成才需求与企业支持衔接不够紧的问题，将培养人才的学习能力、实践能力、创新能力作为工作的重点来抓。不断优化人才培养的内容、形式、方法和载体，才能有效支撑各项决策部署的落地，不断提升企业竞争优势。

（三）必须坚持三个导向，解决基层难点

要坚持以问题、目标、结果为导向，不断提升把握和运用人才培养规律的能力，抓住主要矛盾和矛盾的主要方面，着力解决基层单位中存在的人才培养体系不完善、配套措施不健全、教培重点不突出、资源分配不均衡、工作力度不够强等问题，多措并举，进一步增强人才培养的针对性、务实性和有效性。

（四）必须坚持结合实际，创新工作亮点

要坚持以改革创新思维应对新形势、新任务、新挑战，坚决破除体制机制弊端，在人才培养的关键环节求突破。要通过健全相关制度、完善激励机制、抓好总体规划、搭建交流平台、优化方法途径等一系列举措，建立人才发现、选拔、培训、管理、使用的基本模型，形成“闭环培养，循环提升”的人才供应链模式，有步骤、有针对性地培养五类人才队伍。

（撰稿：吴垂明、黄力鹏）

实施党建治违　确保安全生产

江门供电局党委从2019年开始，聚焦安全生产违章行为，着力打造“党委布局、支部布阵、党员落实”三个层级党建治违责任体系，通过建立安全数据库，找准党建治违的工作着力点；抓两头带中间，促进党建治违的整体提升；主动融入业务，构建党建治违的联动机制，夯实了安全基础，筑牢了安全防线，“党建+安全”取得了显著成绩。

一、实施背景

党的十九大以来，中国南方电网公司和广东电网公司坚决贯彻党中央、国务院关于安全生产的指示精神，落实上级部委有关决策部署和工作要求，把安全生产工作作为企业立业之本、发展之基，坚持“安全第一、预防为主、综合治理”方针，践行“一切事故都可以预防”的安全理念，从规划源头强化本质安全电网建设，从建设环节提升工程项目安全质量，同时深化安全生产风险管理体系应用，提升制度标准的本质安全管控力。但是安全违章事件还是时有发生，严重违章未能得到完全遏制，“两票”应用水平不足，设备安全隐患依然存在。

人是生产过程中最活跃的要素，是安全生产的实践者，也是工伤事故的直接受害者。找准切入点，将党建工作有机地融入安全生产工作，充分发挥党建思想政治工作优势，推进本质安全型企业建设尤为重要。因此，江门供电局党委从2019年开始，充分发挥党建工作的导向作用、核心作用和凝聚作用，聚焦安全生产，以问题为导向，运用大数据，找准痛点，深入治理安全生产中出现的违章行为，切实把党建责任和安全责任捆绑在一起，提升党建融入安全生产工作价值，提升现场安全管控质效，保障党员身边无违章行为、施工现场无违章作业，从源头上遏制违章事件的发生，坚决守牢安全底线，营造出“尽责互助，乐享安全”的氛围。

二、主要做法

（一）建立安全数据库，找准党建治违的工作着力点

建立广大党员的安全数据库，以准确识别其意识与行为。数据主要通过心理测评和行为数据采集获取，并进行分析。首先是领导，通过面向全员开展可感领导问卷调查，测量和评估各级领导的安全可感度，分析出不同层级领导在可感行为方面的侧重与不足，促进领导干部主动践行可感行为，以实际行动向党员职工传递安全信念和决心。其次是党员职工，通过

心理健康工作调研与党员安全违章和安全互助举措调研，了解党员职工在安全态度（特别是安全重要性认知和安全相关情感反应）、压力值方面的情况，找出安全动机以外部为主和压力值偏高的党员职工。

建立基层党组织的安全数据库，以准确识别其作为与实效。数据主要通过各类测评和安全违章情况统计获取，并以此分析基层党组织安全意识、行为和互助情况。通过开展覆盖全局的安全作为和实效的调研和谈心谈话，了解党支部团队意识、党支部工作积极性、“本质安全”的核心内容、安全工作的意见建议等。同时定期收集党支部的安全违章情况，并同步开展安全违章和安全互助举措调研等，从实际发生行为切入，了解支部整体的安全作为和实效以及安全互助的情况。

（二）抓两头带中间，促进党建治违水平的整体提升

抓先进典型树立。通过识别，找出安全意识最强、违章次数最少的党员职工，评选出安全生产先进集体和先进个人予以表彰奖励，并进行培养宣传，以典型引路、成果提炼、推广应用为路径，及时提炼总结可借

● 2019年6月，江门供电局变电二所开展党建治违示范活动

鉴、可复制、可推广的先进典型经验和做法。例如拍摄“党员身边有实招”“邑电先锋一分钟”等系列小视频、录制“党员说”系列音频等，广泛传播安全生产经验，发挥好先进典型的示范引领、辐射带动作用。

抓中间巩固提升。各级党委经常组织处于安全生产中间状态的党支部和党员职工，向先进典型学习，让他们切实感受到学先争先的氛围，认识到前有标兵，后有追兵，干有出路，不干没有退路的形势。

抓后进对象转化。首先是思想教育，根据安全数据库的分析结果，对于安全绩效较差的基层党支部，按严重程度，以组织生活方式，集中查找问题根源，讨论改进措施，逐一整改。对有违章行为和安全意识较弱、压力过大的党员职工，通过谈心谈话、团体辅导、沙盘治疗等方式进行干预支持，同时对违章人员进行心理疏导和鼓励，并结合安全案例学习，从思想上提升员工的安全意识和降低员工压力，帮助员工实现从“要我安全”到“我要安全”的意识转变。

（三）主动融入业务，构建党建治违的联动机制

打破专业壁垒，建立党政交叉的安全防线。在安全生产方面，制定《安全激励管理工作指引》，建立安全积分管理模块，每季度根据当季度积分总额计算单位分值奖励金，体现了安全工作“干多干少不一样”的原则，进一步提升了员工对安全工作的荣誉感与获得感。同时，建立“安全大家谈”经验互助分享机制，安监部门负责信息数据收集汇总、统计分析并上传至党建、监督等部门；每月收集来源于基层单位的问题，分享到全局的层面进行讨论，通过集体的智慧找出最优的解决方案；分享员工在安全生产过程中的一些故事、未遂事件、不安全行为等经验以及文化建设成果案例。在党建工作方面，将“习惯性”“重复性”违章治理重点、难点问题交由所在单位党支部研究解决，必要时将其列为书记项目，抓实抓好。关键时期启动专项行动，例如2021年，将党史学习教育与安全生产大检查结合起来，通过“学党史、强基础、筑安全”“奋战一百天，党员走在前”等专项行动，激发、凝聚广大职工干事创业的力量，切实保障全年

● 2021年11月，开平供电局党委开展“深化党建治违　提升安全心智”主题党日活动

安全生产形势稳定。在重点区域建立安全生产反违章示范区，通过发挥示范区临时党支部的作用，牵头包括安全生产、工程建设、营销服务领域等各业务线细化分解具体的安全生产任务，从根源上做好问题原因分析，及时修编杜绝、严禁类问题措施管控表，防范严重问题发生，坚持严管严抓严惩，筑牢安全防线。

实施党群互助，发挥党员的模范带头作用。在基建、技改修理作业现场，以党员“一带N”形式，紧盯外单位施工人员，同时试点推广监管人员与施工人员“同进同出”，主动报告责任区内安全隐患，指出并纠正身边人员违章行为。组建党员突击队，打破现有的行政管理架构，跨单位、部门、班组成立党员突击队，聚焦长期存在的、重复出现的“三基建设”和安全方面的难点、痛点问题进行重点突破。开展党群结对，特别是针对大集体企业党员少、群众多、违章较为频繁的支部，开展党群结对，由党员带动群众加强学习、规范作业，在每年一季度或岗位变动后15日内，党员与群众签订结对责任书，同时与员工家属携手共建安全亲情防线，通过关爱员工家庭来关爱员工。开展违章组织生活会，由党支部书记带领全体党员开展自我批评，针对违章情况从工作中找不足，又从思想上、党性上找差距，每名党员都要从自身找问题，并给予其他党员批评意见，让违章人员感受到团队的支持，而不是批斗，实现“团结—批评—团结”的目的。

三、工作成效

（一）打造了“党委布局、支部布阵、党员落实”三个层级党建治违的责任体系

江门供电局党委主动参与安全生产经营重大决策，对存在的安全风险等进行前置研究讨论、把关，由党委制定安全工作指引，启动专项行动，严格落实“一岗双责”，安监部门负责信息数据收集汇总、统计分析并上传至党建、监督等部门，各级党组织运用相应的党建载体合作共进，广大党员带动群众群策群力，紧盯安全基础不牢、管理粗放、“三违”（违章指挥、违章作业、违反劳动纪律）风险等问题和短板，通过设置党员责任区、组建党员突击队、党群结对子和开展违章组织生活会等方法予以解决，形成了全局各级党委（党总支）、支部和党员合力治违的良好态势，真正做到“关键时刻有组织、细微之处见党员”。

（二）推动了党群安全生产思想行为从被动到主动、从单兵作战到团队互助的转变

江门供电局党委通过召开事故案例学习会、举行第一负责人安全生产会议、约谈事故责任人等多种形式，进一步提升党员群众的安全红线意识，使其自觉遵守法律法规，主动查找事故隐患，变“要我安全”为“我要安全”。通过打破专业壁垒，会同各类安全管理主体，形成党委到支部纵向到底、各业务部门横向到边的联动机制，把党建优势转化为安全生产优势。联合开展专项行动，加强隐患排查整治，将事故苗头消除在萌芽状态。据统计，江门供电局主动暴露违章数从2020年的100多起增加至300多

起。至2021年5月底，江门供电局连续安全运行6331天，可感领导行为被中国南方电网公司评选为2019年优秀安全文化建设案例，并推送至国家能源局。

（三）促进了党建工作与安全生产在目标、机制、组织、活动与考核上的高度融合

江门供电局党委将党建引领贯穿于治理安全生产违章行为的全过程，聚焦主责主业，聚焦基层一线，聚焦治违难题，构建有职责、有考核、有奖励的党建治违管理体系，进一步推动党建工作与安全生产目标、机制、组织、活动融合，积极探索融合的新方式、新方法，形成了同频共振的良好局面。经过4年多的努力，截至2022年11月底，江门供电局连续安全运行6879天，安全生产风险管理体系认证保持“五钻”。江门供电局先后被评为全国安全文化建设示范企业、南方电网公司和广东电网公司安全生产先进集体等。

四、经验启示

（一）加强思想引导是党建治违的首要工作

思想是行动的先导，安全意识是安全行为的前提条件。以党建方式治理安全违章，应以转变思想观念为切入点，应用党在长期思想政治工作实践中创造出的许多行之有效的方法，让员工牢固树立“安全责任重于泰山”的责任意识和“一切事故都可以预防”的安全理念，放下思想包袱，主动反馈并解决思想问题和实际困难，形成安全自主的管理氛围，才能实现从“要我安全”到“我要安全”的转变。

（二）发挥党的先进性作用是党建治违的主要抓手

党建治违需要正确运用党建活动载体，将违章治理难题作为党建课题，形成团队互助、产生团队合力。要结合工作实际，应用书记项目、党员责任区、党员公开承诺事项等党建载体，充分发挥党支部的战斗堡垒作

用和党员的先锋模范作用，加强对基层班站所安全生产工作的引领，采取有效措施，抓细抓实抓出成效。并及时挖掘、总结、宣传“党建治违”工作过程中一线基层人物、事迹先进典型，营造党建工作与安全生产互融共促的奋进氛围。

（三）融入安全生产运作机制是党建治违的重要路径

必须牢固树立“一盘棋”意识，从党建着眼、从实际出发、从治违着力，紧扣工作重心，逐项分解任务，制定党建治违的流程图、时间表、路线图，形成有效对接、重点突破、共同提升的联动机制，针对基层安全生产的痛点难点问题，实施精准整治，才能推动党建工作与安全生产互融互促、同心同向、提质增效。

（撰稿：林原、杨访）

“四位一体”构建心理健康管理体系

江门供电局党委自2019年起，坚持党建引领“心建”，坚持以人为本，主动将心理健康服务融入企业治理体系和精神文明建设中，以“团队成长”为主体，逐步构建起提前防范、主动识别、及时干预、科学评价“四位一体”的心理管理体系，创造性地开展员工心理健康工作，提升员工“心理资本”，培育员工阳光心态，促进企业和谐稳定发展。

一、实施背景

党的十九大报告指出“加强社会心理服务体系建设，培育自尊自信、理性平和、积极向上的社会心态”，而健康企业是健康中国“细胞”的重要组成部分之一。但目前对于心理健康，大众的重视和认识还不够，轻度心理疾病患者难被发现，很多企业心理健康专业人才短缺，对心理问题的预判能力也比较弱。2019年，江门市政府办公室印发《江门市开展全国社会心理服务体系建设试点工作实施方案》，明确提出要建立健全社会心理服务体系，将心理健康服务融入社会治理体系、精神文明建设，融入平安江门、健康江门建设。广东电网公司也接连出台了关于员工心理健康工作行动计划、心理健康检测工作指引、心理危机应急预案、职业健康管理细则等，要求进一步扎实做好员工心理健康工作。

鉴于此，江门供电局党委结合国有能源企业的行业特点，坚持党建引领“心建”，将企业社会心理服务工作与中心大局相结合、与意识形态相融合、与文化建设相衔接、与员工关怀相配套，聚焦员工“心理资本提升”，以“团队成长”为主体，构建预防、识别、干预、评价“四位一体”管理体系，培育员工积极健康的心态，着力打造高质量的“健康企业”。

二、主要做法

（一）提前防范

培育“关爱员工”的企业文化。通过健康环境建设，形成健康型的组织文化。如江门供电局试验所打造了以“乐”为主题的班组文化，让员工乐工作、乐安全、乐学习、乐生活；沙坪配电运维中心运维四班打造“快乐1+”班组文化，让员工真切感受到企业的关怀与温暖。同时，还通过“姓名赋义”“好汉常提当年勇”等微措施，创造和谐友善向上的工作氛围，改善员工的心理状态，提升员工的幸福指数。深入推进职工小家建设，实现基层班站所“五有”（有小食堂、休息室、淋浴室、文化活动室、体育活动场所）和“四具备”（具备员工用餐、休息、文化活动、体育活动的条件）全覆盖，并积极开展乒乓球赛、篮球赛、健步走、爬山等适合不同工作场所或工作方式特点的健身活动，提高员工的身体素质。

开展心理健康科普宣传。成立江门供电局心理健康协会，定期邀请专家学者举办“二孩家庭爱的供养”“关爱女性健康，关注心灵成长”“提升心理资本”等主题心理健康讲座，传授心理知识与工作技巧，化解员工负面情绪。建成员工辅导室和沙盘室，引导员工牢固树立“每个人是自己心理健康第一责任人”的理念，帮助员工调适情绪，纾解心理压力，积极自助。

建立网格化谈心谈话机制。建立了心理健康辅导员队伍、党务工作人员（含党支部书记）和“心灯”志愿服务队三支队伍，通过“结对子”的方式，建立各级党组织负责人与普通党员、群众的网格化谈心谈话机制，常态化开展“一对多”面对面谈心谈话活动，及时了解党员或群众的思想、家庭情况、工作状态和爱好，重点关注思想上的波动和困惑、生活上的困难、“八小时内外”的行为。同时严格执行工会群众工作“六必谈五必访”的要求，及时解决员工担忧、消除员工顾虑、纾解不良情绪。

（二）主动识别

实施综合评估。以“实”为原则，着重建立完善心理健康测量与评估机制，一是不定期组织开展覆盖各层级员工的心理健康工作问卷调查，对获得的数据进行综合分析；二是基层党支部每半年填写一次所在部门员工思想状况报告，收集基层信息；三是通过党组织书记常态化开展网格化谈心谈话，及时发现问题和解决问题；四是通过“知行南网—心理健康”开展心检服务，了解掌握员工思想动态；五是对入党积极分子开展心理健康检测，进行专项风险识别。

开展员工压力值测算。自主开发了“员工压力值测算”数据分析应用系统。这个系统是基于工作票、操作票、缺陷单、报障单、营销业扩工作单等实际业务数据，所建立的工作压力分析主题数据仓库，通过使用机器学习算法与标签的应用，构建团队的工作压力用户画像，形成对企业员工工作压力的有效量化评估，其精准的识别，为下一步“干预”阶段提供了大数据分析与决策支持。

（三）及时干预

针对性开展团体心理辅导活动。首先是开展班站所内的团体心理辅导。采用集训或日常班级活动的方式，进行团体实践，形成积极的组织氛围。其次是开展理解自我和理解他人的团体心理辅导。采用面对面交流的方式，加深对别人的理解，深化自我认识，调整改善与他人的关系。第三是开展发生安全生产事故后的团体心理辅导。采用专家引导、集体讨论的方式，为他们提供一个缓解心理压力的机会和场合，让他们相互鼓励，相互支持，平稳度过心理不安期。

协助解决业务难题，缓解员工心理压力。针对在电网企业高质量发展时，员工普遍感到生产建设和经营管理任务重、要求高、责任大，工作压力剧增的现实情况，积极发挥基层党组织的战斗堡垒作用和党员的先锋模范作用，以组织生活为抓手，将遇到的难题交给支部解，将最重任务交给

● 2018年4月，鹤山沙坪供电所进行心理沙盘游戏

党员干，调动员工的工作积极性和主动性，帮助其消除畏难情绪，勇于面对遇到的各种急难险重任务和意想不到的困难，营造集体向上的氛围，群策群力，提升团队效能。

分类处置员工的心理健康问题。在前期的风险识别后，对有需要的员工，通过“知行南网”之“线上心理健康服务平台”、24小时免费咨询热线020-87128712和每月心理咨询师驻点“一对一”服务，为员工进行心理咨询服务。若发生员工遭遇重大心理健康问题，而系统内部无法完成辅导或治疗时，则及时转介到属地医院，交由专业医疗机构进行医治。

（四）科学评价

通过党建工作成效评价、“走传谈”回访、心理测评、“员工压力值测算”数据分析等方式，将具体指标量化，从团队层面及个人层面来评价“干预”的成效，形成闭环管控。

三、工作成效

（一）夯实了心理健康工作基础

秉承“助人自助”的员工心理健康工作理念，通过完善制度、规划场地、配备人员、划拨经费和加强管理等措施，建成5个员工辅导室、7个沙盘室，覆盖了7个县区供电局，不定期开展教育、服务、排查和研究等心理健康活动，充分发挥其在员工舆情掌握、员工心智自觉提升、员工健全人格培养、心理危机预警和干预等工作中的枢纽作用，夯实心理健康的工作基础。

（二）提升了心理健康工作能力

建立了心理健康辅导员队伍、党务工作人员（含党支部书记）和“心灯”志愿服务队三支队伍，采取多种措施提升辅导员专业水平和工作能力，鼓励他们参加国家心理咨询师资格认证培训、专项心理培训、国内外专家讲座和工作沙龙等专业化常态化培训，提升心理健康工作能力。至

● 2023年1月，江门供电局邀请心理咨询专家与青年进行互动交流

2022年底，全局持有高级、中级、初级心理咨询师资格证的辅导员共有37人。2021—2022年，辅导员队伍累计服务超过160人次，开展心理危机干预3人次。

（三）畅通了心理健康工作渠道

建立了党委、党建工作部门、员工心理辅导室之间科学顺畅的心理危机快速反应机制，打通了员工、辅导员、党务工作者之间的信息沟通反馈渠道，有效实施职业健康风险管控、员工辅导计划专项提升、关爱员工十二条等工作方案，实行工作例会制、心理健康排查汇报制、星级辅导室评选制和重大心理事故责任追究制等制度，将心理健康工作纳入党建工作年度考核内容，促进辅导室规范开展工作，做到预警及时、干预得当。

（四）增强了心理健康工作实效

有针对性地开展心理教育活动，让员工心事有人听、困惑有人解、困难有人帮。目前心理沙龙团队线下辅导活动覆盖超过500人次，形成“生日派对”等一批特色鲜明、影响力强、教育效果好的活动品牌，使心理健康延伸到每个班组，覆盖到每个员工。例如2022年9月，针对青年员工对登高作业存在一定的心理障碍，团队组织开展安全生产心理干预团辅活动，帮助员工克服对登高作业的畏惧心理，走出困扰。

四、经验启示

（一）必须建立健全相关的规章制度

组织领导有力、工作机制健全，是员工心理健康工作有序开展的前提。要在上级的指导下，系统谋划，建章立制，在组织保障、心理健康检测、心理危机应急预案、职业健康管理等方面构建起一套较为完善的制度体系。同时，还要将员工心理健康工作行动情况纳入年度党建工作考核内容和安风体系建设，进一步加强各级管理人员对员工心理健康工作的重视。

（二）必须打造一支专业的辅导员队伍

心理健康是一个十分复杂的系统。因此，要坚持“让专业的人做专业的事”，目前就企业而言，“引进外脑，培育内脑”是一条必由之路。江门供电局在广泛、系统、动态向外部专家学者、先进单位学习的基础上，成立心理健康辅导员队伍、党务工作人员和“心灯”志愿服务队三支队伍，构建高级、中级、初级三级心理健康辅导员梯队，这是取得成效的关键。

（三）必须提供必要的软硬件支撑

硬件建设是做好员工心理健康工作的基础。要最大限度地发挥人力、物力资源的作用，按照合理性、适用性、友好性、实效性原则，建好、管好、用好员工辅导室、心理咨询热线和各类文体场地设施，以及心理信息管理系统、员工心理测试系统、音乐放松系统、沙盘游戏设备、素质拓展器材等，满足员工心理健康工作的需要。

（撰稿：吴卓文、何澈）

党建带工建 激发职工创新工作室活力

近年来，江门供电局党委、工会紧紧围绕企业的中心工作，坚持党建引领，以劳模（技术能手）创新工作室建设为抓手，严格管理，注重实效，通过党委搭台、支部联建、党员带动等方式方法，制定了工作指引，明确了职责定位，畅通了协同机制，点燃了创新动能，使之成为职工创新创效的有效载体和平台，助推技术创新和企业高质量发展。

一、实施背景

创新是企业发展与改革的第一动力，是提高核心竞争力的关键引擎。职工创新工作室建设是工会团结带领广大职工发挥主力军作用，助力企业高质量发展的重要抓手。在广东电网公司全力创建“全国最好、世界一流”省级电网企业的当下，激发创新动力离不开全体员工群策群力，更需要工作室这一新型群众性组织充分发挥示范引领作用，真正成为创新创效的有效载体和平台，为推动企业实现高质量发展聚才融智、贡献力量。

近年来，江门供电局党委、工会紧紧围绕企业生产经营中心工作，坚持党建带工建，以劳模（技术能手）创新工作室建设为抓手，通过不断健全完善管理制度、协调机制、管控措施、队伍建设等，着力解决基层存在的发展不平衡、管理不到位、成绩不突出等问题，大力推进职工创新创效工作，取得了优异成绩，助推了电力技术革新、基层人才队伍建设和企业高质量发展。

二、主要做法

（一）党建引领：制定工作指引，突破运作瓶颈

针对基层单位一些职工创新工作室在创建过程中存在的少标准、缺思路、没场地、无团队以及定位不清、制度不全、执行不力等问题，根据江门供电局党委关于坚持党建带工建、深化党建与业务融合、推动职工创新创效的决策部署和工作安排，该局工会于2019年制定并发布了《江门供电局劳模（技术能手）创新工作室管理工作指引》，明确了工作室的建设标准、日常管理、工作职责、活动开展、过程管控、考核方法、激励措施等一系列内容，为工作室提供制度支撑，促使其围绕人才培养和创新成果，分解职能，明确职责，找准定位，营造带徒传技、创新创效的良好氛围。同时将工作室创建和运作纳入党建工作责任制考核，并在人力物力财力上给予大力支持，做到工作室有带头人、有成员、有场所、有经费、有计

划、有管理要求，软硬件齐备。每年开展优秀工作室评选工作，并对优秀工作室给予5000元专项资金支持，激发工作室创新活力。

（二）党委搭台：明确职责定位，规范管控措施

职工创新工作室是以增强职工自主创新意识和技能业务水平为重点的群众性组织，这就决定了工作室为非正式职能机构，成员骨干多是兼职，开展工作也多靠业余时间。为此，江门供电局党委牵手工会，在局本部及蓬江、江海、新会、开平、台山、恩平、鹤山供电局先后成立了劳模（技术能手）创新工作室，为职工创新创效搭建了平台、创造了条件。在此基础上，实施规范化管理：一是明确工作室内部分工。依据工作室管理指引，设立项目研发组、实施组、宣传组、推广组四个组别，细化工作室内部职责分工，实行规范化管理。二是利用电网管理平台（智慧党建、工会管理）和知行江电中的“工作室管理”模块，对工作室的年度目标和创新课题实行可视化管理，及时了解、掌握工作室创新项目和人才培养计划的进展。三是规范工作室专项经费的使用，提升资金使用效益。针对全局各级工作室专项活动经费使用情况，制定统计表格，每半年与财务对接更新一次，动态管理工作室活动经费，持续加强费用管控。与此同时，明确工作室活动经费使用范围，确定活动经费在不重复列支的情况下，可用于支持项目攻关，并在制度中列明费用申请流程及注意事项，通过经费支持，建立创新快捷通道，提升资金使用效益，提高职工创新积极性。四是在日常监督考核上，建立相应的管理措施，对成果考核评价机制实行动态管理，如根据实践成果评定星级等级，以业绩论“英雄”。并向相关单位推荐优秀创新成果转化项目，积极拓宽技能工人成长成才绿色通道。

（三）支部联建：畅通协同机制，扩大联动效应

调查显示，由于职工创新工作室长期独立开展创新工作，缺乏协同机制，导致其创新面单一，承接能力薄弱。江门供电局工会办党支部通过“支部联建”的方式，一是加强与生技部党支部、人资部党支部的横向联

动和与基层单位的纵向协调，通过举办电力科技节暨“创一流”人才主题沙龙活动、内部经验交流培训活动、工作总结表彰会议以及协助做好职创项目申报、知识产权申请等工作，不断提升其创新创效能力和活力。二是成立输电、变电、配电、营销、调度专业创新工作室联盟，构建跨专业、跨部门、跨区域的协同机制，强化联合攻关，发挥创新聚集效应。三是加强与电力兄弟单位党组织、工会组织的联动，积极组织、协助各级工作室更多地“走出去”交流学习，促成冯普俊、梁斌儒劳模（技术能手）创新工作室分别与广西桂林供电局彭彦军、东莞供电局吴俊、茂名供电局池莲庆等劳模（技术能手）创新工作室的结对联建，实现跨区域协同创新、技能传承和成果共享，推动工作室工作迈上新台阶。

（四）党员带动：抓住关键少数，点燃创新动能

职工创新工作室自下而上组建，江门供电局丰厚的人才积淀使得各专业、技术领域涌现大量政治素质过硬、业务精湛、思路开阔的优秀党员，

● 2018年4月，蓬江供电局职创工作室在研发新型坐姿登杆器

如劳模冯普俊，技术能手梁斌儒、余健等。局工会充分发掘这些“领头雁”，通过“拜师学技”“导师带徒”等传统活动，选定德才兼备的劳模（技术能手）担当工作室负责人，采用“一对一”或“一对多”模式，逐步形成“一个带头人带动一个阵地”“一个阵地培养一批人才”“一个平台成为一个高地”的良好态势。持续深化工作室负责人队伍建设，开创学习、提升、实践三位一体的全新培训模式，全方位提高工作室负责人的创新思维以及团队管理能力，发挥党员先锋模范作用，引领带动更多职工加入，使创新工作室真正进基层、入班组、到岗位，形成“人人皆可创新，人人尽展其才”的良好氛围。

三、工作成效

（一）职工创新工作室实现了全覆盖

2020年以来，在江门供电局党委、工会的大力支持下，工会办大力推动劳模（技术能手）创新工作室建设提质升级，初步形成了党委支持、工会运作、部门配合、劳模和技术能手带头、职工参与的良好创建格局。目前，全局共建成23个劳模（技术能手）创新工作室，其中南方电网公司级16个，广东电网公司级3个，江门供电局级4个；工作室成员共479人，基本覆盖所有县区局和二级部门，为职工提供了创新的阵地和平台。先后有13个工作室获评“南方电网公司星级工作室”称号，星级工作室数量在全省电力系统排名第四；19个工作室获评“广东电网公司优秀创新工作室”称号。

（二）职工创新创效取得了丰硕成果

经努力，2021—2022年江门供电局共有115项成果获评广东电网公司及以上级别优秀QC成果和职工技术创新奖励，其中包括第四十七届国际质量管理小组大会（ICQCC）特等金奖、全国能源化学地质系统优秀职工技术创新成果三等奖、首届（2021）中国电力班组创新创效一等奖等荣誉。培养

“广东电网创客”2名，375名工作室成员获职称晋升和表彰奖励。冯普俊劳模创新工作室作为片区供电局代表，被授予“粤港澳大湾区劳模和工匠人才创新工作室联盟成员单位”称号。

四、经验启示

（一）党建引领创新要明确目标规划，做到精准发力

职工创新工作室要发挥长效作用，就必须纲举目张。各级党委、党支部及工会组织在工作过程中，要明确工作室核心功能、目标定位、工作职责、创新任务、方法措施等，做到靶向精准，以高起点、严标准找准方向、走对路子，少务虚功，多出实招，多出成果，真正调动发掘出团队成员的创新潜能，避免工作室成为“展览室”和“门面房”。

（二）党建引领创新要突破思维定式，拓展创新效能

创新，是应对新变化、新挑战的有力武器。职工创新工作室，因专注创新而生，为发展赋能而建。当前电力企业正处于转型升级、改革创新的高质量发展关键期，需要各级党组织、工会组织打破条条框框，打破思维定式和认知“天花板”，拓展工作室的功用，延伸其臂膀，使其在企业发展中有所作为。

（三）党建引领创新要强化育人功能，不断迭代升级

创新人人应为，人人可为。要打通创新工作“任督二脉”，职工创新工作室就必须强化育人功能，不断在传承中实现迭代。要充分发挥优秀党员、劳模（技术能手）“领头雁”的作用，带动和激发职工创新的积极性，让创意变成项目，让项目变成成果，让成果变成效益，使工作室成为科技创新的攻关队、人才培养的孵化器和团队合作的风向标。

（撰稿：李云庭、邓荣耀）

党建带团建　全面提升青年工作水平

党的十九大以来，江门供电局党委、团委紧紧把握新时代特点与企业需求，将青年工作摆在突出位置来抓，从实际出发，从具体问题入手，切实改进方式方法，通过政治上引领、思想上引导、事业上帮助、技能上培养、生活上关爱，为青年立心铸魂培植了更丰厚的土壤、建功立业创造了更有利的条件、塑造人生提供了更丰富的机会，助力青年成长成才。

一、实施背景

青年兴则国家兴，青年强则国家强。习近平总书记指出，“青年是祖国的未来、民族的希望，也是我们党的未来和希望”“青年一代有理想、有本领、有担当，国家就有前途，民族就有希望”。要从事关实现中华民族伟大复兴中国梦、事关党和人民事业全面发展的战略高度看待青年，重视青年作用，依靠青年力量。

近年来，随着电力事业不断发展和员工队伍的自然更迭，江门供电局青年员工在员工队伍中占比越来越高，目前35周岁以下的青年职工共有2520人，约占企业员工总数三分之一，企业员工队伍的年龄结构和知识结构得到优化，为企业的改革发展带来了活力和朝气，且越来越多的青年员工走向业务及管理的关键岗位，青年员工作为推动企业改革发展生力军和突击队的作用日趋明显。江门供电局党委一直高度重视做好青年思想引领，关怀青年成长，坚持党建带团建，充分发挥共青团联系青年的纽带作用，进行了有益探索和实践，并取得了可喜成绩。

二、主要做法

（一）政治上引领——强化党建带团建的工作机制

在党组织层面，一是加强对青年工作的指导，各级党组织每年定期或不定期专题研究和讨论青年工作，对青年工作提出指导性意见，制定具体工作措施，关心帮助青年成长成才。二是提高政治站位，不断加强青年思想政治工作，引导广大团员青年从党和国家、民族和人民利益高度，从国有企业的政治功能上，对党的思想的政治地位、政治立场、政治价值发自内心地认同。三是把加强和改善对共青团和青年工作的领导纳入各级党委领导班子目标责任制，定期考核。建立共青团重大事项报告制度，保证党组织的决定得到贯彻落实。基层党组织负责人每年至少为团员青年上一次党课，作一次形势辅导报告。在团组织层面，一是发挥好共青团联系青年

● 2021年5月，新会供电局团委开展党史学习教育主题团课

的桥梁和纽带作用，加强团建工作，努力创新青年工作的方式、方法，充分调动青年员工的工作积极性与创造力。二是落实好“推优”工作，将政治上靠得住、工作上有本事、作风上过得硬的优秀青年作为培养和推荐的重点对象，不断为党输送优秀人才。

（二）思想上引导——着力打造青马工程

认真落实中国南方电网公司关于青年马克思主义者培养工程（简称青马工程）“双培养一输送”和“四级联动”的指导精神，依托青马工程，江门供电局坚持从“为党育人”的主责主业出发，一是强化政治理论学习。结合百年党史教育，筑牢理想信念，组织青年员工学习党的基本理论、基本路线、基本纲领、基本经验、基本要求，努力提高青年员工政治理论素养，组织青年参观“大潮起珠江——广东改革开放40周年展览”、梁启超故居等，进一步增强对中国特色社会主义的理论认同、政治认同、情感认同，坚定道路自信、理论自信、制度自信、文化自信。二是开展形势政策教育。结合国际国内形势的发展变化、党和国家重大政策措施的出台，宣传我国各项事业的新进展、新成就，分析经济社会发展面临的机遇和挑战，讲解中央和上级党委的决策部署，帮助青年员工准确了解国情、正确把握形势。如在新冠疫情期间，开展“心灯行动送温暖”“绽放战疫青春、坚定制度自信”等主题活动，强化青年价值观引领。三是丰富学习方式。健全青年员工政治理论学习制度，运用研讨会、座谈会、读书会、培训班等学习方式，建设信息化学习平台，增强理论学习的吸引力、感染力。

（三）事业上帮助——提供职业生涯规划导航

一是引导员工结合自身特点和发展意向，编制个性化的职业发展规划。在新员工入企培训阶段，系统安排职业规划相关课程，讲解企业发展战略，各专业工作特点和管理、技术、技能三条发展通道等情况，帮助青年掌握开展职业生涯规划的基本方法。在到岗后的职业起步期，通过轮岗实习和模块化岗评等，完善青年各项岗位技能，开展岗位匹配度分析，结合直线经理的指导意见及青年自身适岗情况，滚动调整职业规划。在职业成长期，引导青年借助培评系统上的岗位发展地图和学习地图，自主选定职业发展通道上的“导航系统”和“学习套餐”，踏准职业发展的关键节点，实现个人阶梯式发展。二是对职业发展规划实施情况进行督导。依托各级团组织架构，建立完善青年职业生涯规划的管理机构，由各级团组织书记担任机构的主要负责人。建立顺畅的沟通机制，随时解答青年日常就职业发展方面提出的问题，并根据热点问题情况集中进行辅导与培训等。

（四）技能上培养——提供全方位培训与实践条件

一是建立完善的培训体系，为职工提供政治培训、入职培训、业务培训、专题培训等全方位培训，满足青年员工多元化发展需求与对新知识、新理论、新技能的需求。如通过有效的组织生活（“三会两制一课”），培养青年员工的管理能力和领导能力；通过头脑风暴、素质拓展等方式培养青年员工的思考能力；把优秀的业务人才放在团干的岗位上锻炼，为企

● 2022年4月，鹤山供电局组织青年员工参加全员大练兵培训

业储备懂管理、精业务的青年管理人才。二是传承“师带徒”制度，实行师徒双向互评考核制度，结果与评优评先、职称申报等挂钩，实现教学相长的良好氛围，有效缩短人才培养周期。三是坚持以赛促学，常态化开展技能比武，引导青年沉下心钻研技能，营造“比学赶帮超”的良好风尚。如举办科技文化节、营销创意大赛、精益项目发布会、微电影大赛等，活动成果显著。四是开展技术经验交流，创造条件，鼓励管理处技术专家为青年员工答疑解惑，定期组织青年员工召开技术、实践技能座谈会，有重点地选送青年业务骨干赴外单位观摩交流，拓宽工作思路，提升业务水平。五是在企业的重大工作任务中勇挑重担，通过成立青年突击队等方式，把有能力、有潜力的青年员工放在工作第一线，让他们在实践中锻炼提高，在实践中增长才干。

（五）生活上关爱——扎实推进“青年之家”建设

一是完善领导基层调研、谈心谈话工作机制，及时发现青年在工作和生活上面临的困难，花大力气帮助其解决住房、收入、子女入托入学等实际问题。二是建立青年员工电子邮箱、短信平台、QQ群、微信群等沟通联系平台，畅通青年员工诉求渠道，使其需求可以及时反馈给企业领导和相关部门，并得到“认领”与解答。三是进一步完善青年员工档案，大力帮扶在工作或生活上遇到困难的青年员工，让其真真切切地感受到“家”的温暖。四是立足于青年多层次、多样化的精神文化需求，策划青年读书、演讲、素质拓展等实践活动，让青年之间融合、互助、共进，提高青年的归属感和幸福感。

（六）精神上鼓励——更加注重企业文化建设和人文关怀

江门供电局不断加强企业文化建设，积极开展志愿服务活动，引导青年员工树立正确的自我价值观。志愿服务团队累计志愿服务时长达11.5万小时。志愿服务项目“电亮心灵——江门供电局关爱留守儿童志愿服务项目”入围广东省2021年“益苗计划”。引导青年积极投身扶贫工作，在开平市西溪村扶贫点创办“党建书屋”，与南网传媒开发“文创小赫兹”系列扶贫手工产品。响应党中央关于厉行节约的号召，开展“勤俭节约 文明餐饮”系列活动等。充分发挥企业共青团的宣传优势和活动优势，依托短视频、H5等新媒体，办青年喜欢的新闻，2020—2022年，共2724篇次投稿被南网系统及社会主流媒体报道转载。建立完善青年员工人文关怀和心理疏导机制，加强青年员工心理健康教育，提高青年员工自我调适能力，帮助青年员工更好地应对工作压力、舒缓职业倦怠。组织开展丰富多彩的文化活动，加强思想交流，为青年员工提供心理支持和情感支持。

三、工作成效

（一）为青年立心铸魂培植了更丰厚的土壤

江门供电局坚持党建带团建，以习近平新时代中国特色社会主义思想为指导，从国家、社会、企业长远发展的高度立体看待青年工作，将其摆在突出位置来抓。依托青马工程，坚持把青年业务骨干培养成政治骨干，把青年政治骨干培养成业务骨干，把政治和业务都强的青年骨干输送到重要岗位。通过建立日常管理、考核评价、淘汰退出、跟踪培养、成长成才机制，从严从实开展学员培养，在江门供电局内培养一支40人的青年理论武装“轻骑兵”，充分发挥“点亮一盏灯、照亮一大片”的示范带动作用。

（二）为青年建功立业创造了更有利的条件

江门供电局坚持党建带团建，通过开展职业生涯规划导航，帮助和促进青年员工提高职业发展能力，助力其实现职业发展目标的过程也是企业开发青年人力资源的过程。同时结合企业业务发展情况，选择具体项目，多渠道、多途径为青年员工“提能”精心搭建舞台，创造机会，营造氛围。如近几年举办的4届营销创意大赛中，148个参赛项目有103个成功转化，转化率达69.6%。

● 2022年7月，江门供电局团委与通信、水务、幼教等行业的单位举办青年读书分享会

（三）为青年塑造人生提供了更丰富的机会

江门供电局坚持党建带团建，扎实推进“青年之家”建设，关注青年员工发展与权益维护，尽力为青年员工提供帮助，努力使各级团组织成为青年员工遇到困难时想得起、找得到、靠得住的力量。同时不断加强企业文化建设，引导青年积极投身扶贫工作，高度关注青年的心理健康，引导青年员工树立正确的自我价值观。积极开展志愿服务活动，志愿服务团队荣获“中国电力行业雷锋式先进集体”、首届中国电力品牌故事、江门市第二届十佳志愿服务队伍等荣誉。

四、经验启示

（一）必须坚持党政工团齐抓共管

党的领导是做好青年思想政治工作的根本保证。要把党关于加强和改进思想政治工作的基本任务落实到青年工作中去，要经常向党组织汇报共青团和青年工作的情况。教育和培养青年是企业党政工团的共同责任，要与各单位、各部门及相关家庭一道，分工负责，共同做好青年工作。同时还要调动各方面的积极性，广泛运用社会资源，努力形成职责明确、全方位服务青年发展的良好局面。

（二）必须激活企业团组织“末梢细胞”

要加强团员队伍和思想作风建设，进一步活跃团的组织生活，充分发挥广大团员的骨干作用和基层团组织的战斗堡垒作用，不断增强基层团支部的吸引力、凝聚力和战斗力。要深入开展青年文明号创建活动，把服务青年发展工作与企业生产建设、经营管理结合起来。要综合利用各方的资源，充分运用企业各种生活和文化设施，开展符合青年特点的活动。要下大力气整顿好松散的基层团组织，尽早发现青年中不稳定的因素，有针对性地采取措施。

（三）必须聚焦青年员工新特点、新需求

当前，企业青年工作面临许多新情况，要从企业的实际出发，从广大青年的思想实际出发，加强对新形势下青年工作对象、环境、内容、方法、载体和规律的调查研究，抓住主要方面，从具体问题入手，切实改进方式方法，创造新经验，提升工作质量，把服务青年发展工作落实到基层、落实到具体人身上。

（四）必须把握正确的舆论导向

要坚持以科学的理论武装青年，以正确的舆论引导青年，以高尚的精神塑造青年。要积极建构理论教育与学习的有效路径，进一步强化青年理想信念教育。要大力宣传企业生产建设、经营管理中涌现出的青年先进群体和先进人物，为青年树立可信、可学的身边榜样，通过选树和表彰先进典型，鼓励更多的优秀青年人才脱颖而出。要充分发挥新闻宣传在教育引导青年中的重要作用，坚持以团结稳定鼓劲、正面宣传为主，加强对青年关心的热点问题的引导。

（撰稿：覃超一、樊慧慧）

创新机制　积极维护员工队伍稳定

党的十八大以来，新会供电局党委、工会高度重视做好员工维稳工作，从实际出发，通过不断优化员工稳评工作流程、转变员工思想教育方式、创新员工维稳机制载体等有效措施，积极为员工办实事、办好事，着力解决员工在民主管理、工作环境、安全保障、业务压力、职业发展、技能培训、劳动报酬等方面存在的问题，有力地维护了企业的和谐稳定。

一、实施背景

维护员工稳定是党建和工会的一项重要工作内容，是促进企业安全、生产、经营等任务顺利完成的重要保证。基层一线班组作为县区局最基本的组织单元，不仅是生产经营第一线，也是思想工作的重要阵地、培养人才的重要舞台，所以各级领导应该更加注重基层班组员工维稳工作的开展。然而，随着企业改革不断深化，职工思想出现许多新变化、新特点。员工对物质的追求不断增大，由过去的看重精神激励、政治荣誉转变为更加看重自身价值的体现和物质的回报。员工求真务实的心理明显增强，由过去习惯于“你讲我听”，转变为既听其言，又观其行，更加看重管理者的人格。员工民主参与的利益共同体意识增强，由过去认为管理是领导的事转变为主动参与管理，尤其对企业的发展和经济效益倍加关注。因此，企业党群部门应该针对工作中存在的不足和差距，不断研究制定改进措施，着力建立必需、对路、可行、务实的员工维稳长效机制，为加强和改进员工维稳工作提供更有效的平台和途径。

近年来，新会供电局党委、工会从当前思政工作的实际出发，深入探究员工维稳工作的新机制，不断丰富内容载体，创新方式方法，维护了企业员工队伍的稳定，为完成各项生产经营任务打下坚实的基础。

二、主要做法

（一）优化员工稳评工作流程

按照PDCA原则，制定员工稳评工作闭环流程图，明确在供电局、部门及党委三个层面上对员工意见的处理方法及相关责任人，给予员工足够的重视，并有效调动起各层级联合解决问题，改变政工单独“唱戏”的局面。第一是公布员工意见反映渠道，架设沟通的桥梁，渠道有邮箱、电话、座谈会、合理化建议等。第二是把握员工的思想脉搏。新会供电局领导及稳评工作人员充分结合三联建、基层联系点、员工辅导、调查摸底、

"走传谈"等工作，主动了解员工真实想法。第三是对症下药，解决问题。把员工反映强烈的各种问题及意见放在局长办公会议、党委会议上进行研究、讨论，集思广益，做好对策。第四是做好解释与反馈。紧紧把握化解矛盾、理顺员工情绪、引导疏导的重要环节。该局党委收集员工反映的问题和意见并建立台账，进行归类，相关责任部门制定整改措施，落实跟踪处理。各班子成员、部门主任按照联系点分工，根据解释通稿到每个基层供电所开展解释反馈，对于个别敏感问题还开展一对一反馈，让员工监督、检验工作成果，进一步稳定员工思想。第五是建立动态稳评风险库。根据前期各项工作，对稳评重点关注员工进行建库，并每月动态更新。安排重点关注员工所在单位的负责人做好日常监测、评估和预警工作，了解重点关注员工的思想状况，及早抓苗头、抓预防。

（二）转变员工思想教育方式

注重采取"互动式""引导式""警示式"方法，讲求艺术性与原则性相结合，注重寓教于乐，以达到启发心灵的效果。一是发挥群众性文体

2022年3月，新会古井供电所组织党员义工服务队开展春耕保电工作

活动的潜移默化作用。举办趣味运动会、亲子欢乐派对、篮球、羽毛球等一系列以传递正能量为理念的主题活动，把员工思想教育寓于丰富多彩的活动中，通过员工之间的互动，使枯燥、单一、空洞的维稳工作变得生动活泼，易于接受。二是发挥正向文化引领作用。开展“立体式”文化传播，组织开展“党群微教育”“最美一线工”“江电之星”“政工手记”和表扬立功等活动，积极传递正能量，引领广大员工树立正确价值导向。三是发挥廉洁警示作用。按照严爱结合带队伍的要求，在关爱关心员工的同时，结合廉洁从业、明察暗访等案例、事件开展有针对性的警示教育，进一步加强员工遵纪守法意识，并做到坚守原则，不越党纪、法纪红线。

（三）创新员工维稳机制载体

形成拥有自身特色的员工维稳机制，以和谐、感恩、奉献为主题，充分发挥党、工、团的桥梁与纽带作用，创新维稳工作机制与活动载体。一是实行“激励积分制”，将员工参与工作、发挥作用的情况如实记载和量化计分，调动员工积极性，引导员工把心思放到本职工作上。二是开展“温馨家园”工作。组织各供电所建设集员工心理辅导站、温馨家庭工作站、“家庭乐”活动等功能于一身的“温馨家园”，通过登山、员工庆生以及员工、家属和管理者共同值班等方法，积极营造家庭和谐、工作快乐、生活健康的企业文化氛围，实现维稳工作阵地前移、员工压力得到纾解的目的。三是以和谐、奉献为主题，积极开展“亲子义工”“道德讲堂”“义工联谊”“助梦行动”“照亮回家路行动”等志愿者服务活动，增强员工的社会责任意识，促进企业文明建设。

三、工作成效

（一）有效维护了员工队伍的稳定

新会供电局党委、工会通过建立行之有效的员工维稳机制，告诉员工提倡什么、反对什么、发扬什么、克服什么，关心员工的成长进步，在工

● 2022年11月，新会供电局领导干部到双水供电所听取员工的意见建议

作上支持帮助，在生活上体贴照顾，多为他们办实事，解决实际问题，引导员工奋发向上、积极主动，从而使消极因素不断消除，使企业的各项工作顺利开展。尊重员工的民主权利，听取不同意见，营造浓厚的民主和谐氛围，有效激发了企业员工关心集体的主人翁精神，使职工愿讲真话、实话，愿为集体事业出谋出力，作出贡献。

（二）有效化解了基层工作的难题

新会供电局党政工领导班子深入基层，到供电所、到班组开展“走传谈”活动，主动解决基层员工资源配置不均衡、工作压力大等问题，员工思想问题得到及时解决和疏导。牵头各职能部门解决基层员工生活及工作问题。例如，针对应急包问题，配电部深入开展供电所应急包材料和数量的调查，做好增补计划；配电部要求供电所每年上报低值易耗品申报计划，按照资金安排和统一配置，每年定期向供电所班组配置个人工器具。又如，综合部要求供电所每年上报办公设备需求，按照先后缓急原则，逐步增加计算机配置和更换残旧计算机；综合部和工会结合职工之家建设，对供电所空调加强维修维护，对不能再维修的，做好更换计划。

四、经验启示

（一）工作上关心是做好员工维稳工作的重要任务

要紧紧围绕企业发展改革的工作大局，结合自身实际，以维护员工利益、服务员工为落脚点，秉承以人为本的工作理念，坚持工作关口前移、重心下移，加大对职工队伍维稳工作重点、难点问题的调查研究，及时关注员工反映的民主管理、工作环境、安全保障、业务压力、职业发展、技能培训、劳动报酬等方面存在的突出问题，将其作为第一要务来抓，面对面、心贴心、实打实地做好具体工作指导，为其排忧解难，促进企业科学、稳定、可持续发展。

（二）生活上关心是做好员工维稳工作的有效途径

要根据经济社会的发展以及群众物质文化生活水平不断提高的实际，用正确舆论引导人，用高尚精神鼓舞人，用优秀品质和优良作风培育人，促进员工提高素质，丰富和发展员工的精神生活，使企业和员工关系更加紧密。要务实开展各种形式的送温暖活动，结合职工之家建设，想方设法为基层所配备文体活动器材和环境、生活设施，为一线员工营造温馨、舒适的工作和休息环境。充分利用困难互助金、党员爱心基金等帮扶机制，多渠道、多途径对困难员工（退休员工）进行帮扶，使困难员工及其家属感受到企业大家庭的温暖。

（撰稿：李文、梁杰平）

党建业务双融合　从细从实治违章

蓬江供电局党委自2018年起，针对基层供电所存在的违章问题，充分发挥党的先进性作用，积极开展党建治违行动，抓思想、转作风，通过专题组织生活会、党员责任区、书记项目、党员活动、签订承诺书等方法、载体，从细处入手补足短板，从实处着力提高实效，有效减少了安全违章问题的发生，切实维护了人身及电网设备安全，筑牢了安全生产防线。

一、实施背景

供电生产，安全第一。为此，广东电网公司和江门供电局反复强调安全生产责任重于泰山，安全工作必须常抓不懈，要求各单位牢牢守住供电安全这一生命线，清醒认识当前安全生产工作的复杂性、艰巨性和严峻性，时刻绷紧安全生产这根弦，切实履行安全生产的责任与使命，不断推动电力安全生产工作迈上新台阶，确保企业发展长治久安。

2018年，蓬江供电局党委深入剖析棠下供电所发生的施工违章案例，举一反三，发现其在“两票”管理、工器具、警示标识、勘察与方案等方面都存在明显的不足和短板，也暴露了员工安全意识不高、责任心不强、工作不到位、党建与业务融合不深等问题。为此，该局党委积极探索党建治违新模式，以施工违章率较高的棠下供电所为试点，通过抓思想、转作风、治违章，进一步筑牢安全生产防线，切实维护人身及电网设备安全。

二、主要做法

（一）从细处入手，补足党建治违短板

建立违章人员信息表。对2018年棠下供电所在安全生产工作中被安全督查发现的违章情况进行研究，制成《违章行为信息识别表》，内容包括违章人员的岗位、技能等级、是否为党员、是否有违章行为等，并且每月对违章情况进行常态化分析。加强与安监部门的沟通联系，及时收集汇总事故事件、违章信息等，定期开展数据统计分析，着力打通基础数据分享对接渠道，实现党建治违数据、信息互通。

签订安全承诺书。提出“安全来于警惕，事故出于麻痹”的安全口号，从思想和精神层面筑牢安全防线。组织全体党员签订安全承诺书，进一步强化全所职工的安全意识，树立“零违章”的安全生产理念，增强他们的自我保护意识和约束能力，坚决杜绝人为责任事件、违章问题发生。同时将党员“三无三不三带头”（即党员无违章、党员身边无违章、党支

部无重复违章；诱惑面前不伸手、困难面前不低头、责任面前不退后；带头学习习近平总书记关于安全生产的重要论述、带头学电力安全工作规程和各类安全生产制度、带头完成安全生产任务）内容加入党员公开承诺事项，使其充分认识到承诺书即是责任书，责任重于泰山。

制定年度安全生产督办清单。将安全生产工作纳入党支部重要议事日程，制定年度重大督办清单，在每周例会、支委会、月综合考评会、组织生活会、党员活动日等中，重点部署，狠抓落实。对于年度安全生产督办清单所列的每一项工作，支部书记亲自督办，定期分析，找准施工作业违章问题这个关键点，进行“大反思、大讨论”，使全体党员干部职工时刻绷紧安全生产弦，防患于未然。

重新明确党员安全责任区职责。重新梳理党员责任区，在四个客服班组分别设立党员责任区，建立安全责任清单，将安全生产指标考核落实到个人。要求每一名党员在其党员责任区内担任兼职安全区代表，以“一带N”（一名党员带多名群众或团员）的形式，带头学规程，刚性执行规程，指出并纠正身边人员的违章行为，做到党员身边无违章，并于每月主题党日上报告责任区内的安全工作情况。在安全生产中敢于亮出党员身份，切实担负起责任区的宣传教育、监督检查、督改落实等责任。在作业前做好作业指导书，分析风险评估情况；作业时做好十个规定动作；工作结束后善于对整个工作进行复盘，分析做得好的部分，总结可以再完善的部分，形成风险管控闭环。

（二）从实处着力，提高党建治违实效

实施书记项目。按照“难题交给支部解，重担交给党员挑”的思路，以项目化思维，将解决施工作业违章问题列为“书记项目”。党支部书记作为项目第一责任人，对照立项时制定的“任务单”“时间表”“路线图”，亲自抓、亲自管，通过召开专题会、“五必谈四必访”等，摸清现状、找准问题、研究对策，然后调动多方资源，统筹推进，逐步整改、落地见效。对于违章人员，深入了解其思想状况，有针对性地采取防范措

● 2021年11月，蓬江棠下供电所党支部召开组织生活会讨论整改施工作业违章问题

施，避免“带病”上岗。

用好组织生活会。召开“整治形式主义，加强安全生产”专题组织生活会，将整治施工作业违章问题列为重点，通过学习讨论、谈心谈话、查摆问题、开展批评和自我批评，逐一开列“问题清单”，制定“整改清单”，按照轻重缓急和难易程度，做到容易问题立即整改、难点问题合力攻坚，做到“对症下药”。对自查发现、被查发现的问题或发生的责任事故、事件，按严重程度或是否主动暴露两个要素，及时召开组织生活方式剖析整改，提升“党建治违”针对性。

开好班前班后会。通过班前会，教育员工做好上岗前的各项安全准备工作，详细介绍作业工序及其注意事项，使每个人都知道自己的工作定位，知道现在该做什么，下一步该通过做什么，确保工作有序开展。通过班后会，总结本次工作的经验教训，对遵章守纪者进行表扬，对违章违纪者进行批评教育，举一反三，不断规范安全操作行为。梳理汇总日常工作中出现的习惯性、重复性违章行为，由班内训师、班长和党员定期组织培训，及时纠正、解决在工作时不戴绝缘手套、不穿绝缘靴、不悬挂标示牌、不挂接地线等习惯性违章问题。

深化“一看就是党员”活动。发挥好党员的先锋模范作用，每月常态化组织党员骨干开展“六条铁律”（即严禁无票作业，严禁未经停电、验电、接地、许可作业，严禁约时停送电，严禁未经批准作业、增加工作任务、扩大工作范围、解锁，严禁未经安全规程考试、实际技能考核合格上岗作业，严禁未落实防触电措施进行交叉跨越、邻近带电体作业）的培训，要求全体党员重温安全生产相关法律，重学安全规章制度，强化责任意识和使命担当，带头遵章守纪，带头履行安全责任，带头进行隐患排查整改，做到平常时候能够看出来，关键时候能够站出来；做到带着群众干，做给群众看；做到岗位是样板，行为是模范。

三、工作成效

（一）充分发挥了党的先进性作用

在党建治违工作中，“党员干部带头整治违章行为”已经成为基层供电所日常可见的风景。“群众看党员，党员看干部”，党员干部不讲条件、不打折扣的强力带动，在全所形成了良好示范效应。党员干部在整治施工违章行为工作中持续发力，攻坚克难，起到了很好的带头作用，极大地激发了基层员工的工作主观能动性，不断提升安全生产技能，树立“严、细、实”的工作作风，逐渐形成了“人人讲安全、个个争先进”的良好思想氛围。

（二）有效减少了安全违章问题发生

积极实施党建治违，有效减少安全生产中出现的习惯性、重复性违章行为，施工作业违章数量降为零。以棠下供电所为例，施工作业违章数量由2018年度的3起降至2019年的0起，实现预期目标。两年间，该所负责的线路范围内未发生大面积停电事件，没有发生员工人为责任事故，持续保持线路安全稳定运行。

四、经验启示

（一）党建治违要有“党味”，筑牢安全之基

要结合“安全生产月”“安康杯”和安全文化进家庭等专题活动，通过交流学习心得体会、查摆自身存在问题，剖析思想根源，明确整改措施，增强安全意识，打牢安全基础。要通过专题组织生活会、党员责任区、书记项目、党员活动等方法、载体，充分发挥党支部的战斗堡垒作用和党员先锋模范作用，切实推动党建治违走心、走实、走深、走远。

（二）党建治违要有“实味”，提升安全成效

找准问题只是手段，解决问题才是目的。要对照安全生产目标要求，深入开展调查研究，找准安全生产中存在的问题与短板，画好党员“个人像”和党组织“集体照”。要针对查摆出来的问题，列出督办清单，制定整改措施，公示安全承诺，注重日常管理，明确任务进度，从而达到强化安全意识、压实责任担当、提升工作能力的目的，通过党建治违让全体党员经受一次全面的整治违章行为的体检。

（撰稿：李淑玲、梁嘉淇）

强化措施抓落实　提升大监督效能

近年来，开平供电局纪委坚持以问题导向，不断优化整合监督力量，积极探索“大监督”的新方法、新途径，通过建机制，优化“大监督”网络；压责任，夯实“大监督”底盘；抓落实，延伸“大监督”触角，做到目标统一、步调协同、优势互补、资源共享、整体推进，监督队伍建设得到了全面强化，“大监督”效能得到了充分发挥，为企业实现高质量发展保驾护航。

一、实施背景

2019年10月，党的十九届四中全会发布《中共中央关于坚持和完善中国特色社会主义制度、推进国家治理体系和治理能力现代化若干重大问题的决定》，明确要求："必须健全党统一领导、全面覆盖、权威高效的监督体系，增强监督严肃性、协同性、有效性，形成决策科学、执行坚决、监督有力的权力运行机制，确保党和人民赋予的权力始终用来为人民谋幸福。"为此，中国南方电网公司党组和广东电网公司党委要求直属各单位认真贯彻落实全面从严治党要求，优化整合监督力量，着力构建国有企业"大监督"格局，充分发挥监督效能，促进国有企业做大做强。如何结合自身实际，将这项工作抓细抓好抓实，是摆在基层供电局党委面前的一道需要深入思考和探索实践的重大课题。

近几年来，开平供电局党委、纪委按照"把方向、管大局、保落实"的原则，结合"党支部建设年"工作，加强对党风建设和反腐倡廉工作的领导，坚持以问题导向，持续深入调查研究，针对各职能部门横向沟通松散、基层党支部主体责任落实不到位、监督执行不细不实不到位等问题，着力构建起"大监督"格局，扎实推进党风廉政建设和反腐败工作，最大限度降低廉洁风险和决策风险，一体推进不敢腐、不能腐、不想腐，使党内整体政治生态持续向好，为企业实现高质量发展保驾护航。

二、主要做法

（一）建机制，优化"大监督"网络

强化党委自身监督机制。党委对监督工作负主体责任，党委书记是第一责任人，领导班子成员应严格履行"一岗双责"监督职责，党委应当用好民主生活会、谈心谈话、干部考察考核、述职述廉、领导人员日常重要监督信息报告等各种日常监督制度，加强对领导班子成员的日常管理监督。

完善监督委员会的"三协调"机制。针对监督体系缺乏有效连接，容

易造成监督效率低下，难以形成监督合力的问题，建立沟通协调、协作配合、力量整合、信息互通、问题线索移送等工作机制，积极协调落实上级关于监督工作的部署要求，协调落实企业重大监督任务，协调研究企业监督工作中遇到的重大问题，定期通报重要问题和工作情况，系统性提升监督水平。

健全监督组织机构。成立党风廉政建设和反腐败协调小组，定期或不定期通报反腐败工作情况，分析本地区反腐败斗争形势，研究对策，向党委提出具体建议和措施，协助抓好反腐败工作部署。组织协调纪检监察部门和各单位发挥职能优势和工作积极性，加大查处大案要案和源头治腐等重点工作的协调力度。加强监督检查，及时协调解决反腐败工作中出现的矛盾和问题，特别是领导干部违法违纪案件的立案、查处问题。同时聘任22名各党支部廉政监督员，形成支部层面的监督合力，进一步增强党支部监督力量。

建立跨部门协作机制。各部门在监督工作中遇到需要跨部门解决的重大问题时，报送给协调小组，由协调小组研究提出解决的意见或建议，必要时提交监督委员会研究决定。协同审计专业，提升制度执行力。运用审计结果，跟进业扩配套审计、配网自动化建设等专项审计问题的整改情况，从点对点整改、举一反三对照检查、谈话提醒批评教育、优化长效机制等方面分析廉洁风险事项、规章制度以及决策部署的执行情况，完善权力运行和监督机制，加强制度建设，提升廉洁风险防控能力。

建立员工违规违纪积分考核机制。制定《员工违规违纪行为积分管理细则》，对员工负面行为进行累计评估和量化衡量，奖励与扣罚相结合，督促员工遵章守纪、合规履职。积分考核结果与个人晋升、工资薪点挂钩；员工发生违规违纪问题时，党支部书记和挂点领导、分管领导同步担责。

（二）压责任，夯实“大监督”底盘

落实“管业务必须管廉洁”的要求。职能部门按照“业务谁主管、监督谁负责”的原则，主动发挥监督作用，对重点领域、关键环节，有针对

性地开展巡察监督、审计监督、监事监督、合规监督、财务监督、干部监督、党建监督、工会和民主监督等。针对本业务领域易发多发的违规违纪问题，完善权力运行和监督机制，加强制度建设，提升廉洁风险防控能力。例如2020年，各职能部门围绕廉洁风险管控及制度执行情况，制定职能监督计划共24项，并以“两个责任”平台为载体，跟踪计划执行情况。

压实支部书记的主体责任。突出党支部书记关键少数的示范带动作用，严格落实“一岗双责”，主动担当作为，严格落实“三会一课”制度，发挥团队作用，动态梳理廉政风险点，逐项明确防控举措，提高履职用权制度化、规范化水平。加强警示教育，强化日常教育提醒，从违规违纪违法案例中吸取教训、深刻反思。例如在2020年3月开展了“第一种形态”谈心谈话工作，结合“5·15”招投标腐败案对员工进行警示教育，提醒员工应守牢的“五大底线”和严禁触犯的“十个不得”，谈话对象实现全覆盖。严格落实对评标专家“标前谈”要求，累计开展“标前谈”124人次。

充分发挥党支部纪检委员的监督作用。落实《广东电网公司纪检委员

2021年2月，开平供电局党委开展全面从严治党主体责任集体约谈

到位标准》，建立党支部纪检监督队伍管理台账，明确纪检委员、廉政监督员监督职责，提高日常监督和警示教育能力，协助支部书记推进“三不腐”（即“不敢腐、不能腐、不想腐”）措施。并将其发挥作用的情况，纳入所在支部党建工作责任制考核内容，强化过程管控。

（三）抓落实，延伸“大监督”触角

制定廉洁从业清单管理工作手册。通过全面梳理、系统归纳，制定企业管理业务涉廉“正面”和“负面”清单，包括公正履职、公务接待、公务用车、办公用房、因公差旅、业务培训、婚丧喜庆、会议活动、非招标管理9个方面的内容，逐一列明如果违反这些规定要求，将会受到怎样的党纪政纪处分。同时将上述清单及有关要求印制成工作手册，发至各职能部门、基层班站所和全体员工，使之明确哪些可为、哪些不可为，强化党员职工的规矩意识，坚守做人做事底线。

把监督重点放在发现和解决问题上。认真落实“该发现没发现就是失职、发现问题不处置不报告就是渎职”的要求，强化问题导向，坚持把发现问题贯穿始终，把整改落实贯穿始终，把严肃问责贯穿始终。充分利用“两个责任”平台，建立健全问题发现“立体监督网”，着力提高问题发现能力。由协调小组牵头，把纪检的专责监督同巡察、审计、合规、财务等专业监督联动协作起来，构建信息互联互通的共享机制，实现发现问题互相通报、监督成果共享。运用监督成果，对于关键环节审核把关廉洁风险较高的事项，避免因管理漏洞导致发生集体性、影响较大的违规违纪问题。对出现失职失责现象的党组织和领导干部，将综合运用检查、通报和诫勉、组织调整或组织处理、纪律处分等方式进行问责；对失职失责性质恶劣、后果严重的，不论其责任人是否调离转岗、提拔或退休，都要严肃问责、终身问责。

开展下基层“问诊”和专项检查整治工作。借鉴中医“治未病”的治疗思路，前查病根；深入基层开展临“问诊”工作，查找、发现和解决基层的隐性问题，强化政治监督。在此基础上，抓住共性、系统性、重复

● 2019年10月，开平供电局党委、纪委开展下基层“问诊”和专项检查整治工作

性、高风险性问题进行专项监督检查，一是检查主体责任的落实情况，二是检查监督责任的落实情况，三是检查规章制度的落实情况。针对检查中发现的违规违纪违法问题以及工作“庸、懒、散、慢、拖、不作为、乱作为”等问题，严格执纪问责，逐一整改。2020年，协调小组共开展问诊16次，发现问题260个，制定建议措施520项，整改完成175项，防患于未然。

发挥党建治违效能。以党建为引领，针对电力生产建设中出现的违规违纪违法问题，通过划分22个党员责任区、创建党员示范岗、实行党员“一带N”等形式和载体，形成党建治违“传帮带”全覆盖的格局；通过支部主题组织生活会、谈心谈话等方式方法，深入分析存在的问题与不足，有的放矢地制定改进措施，并分层、分类、分级地进行整治，确保取得实效，守住廉洁底线。结合党支部主题党日、廉洁教育月和纪律教育学习月等活动，用好党员教育基地，多维度开展党风党纪教育。

落实整改情况回查回看。抓实问题整改回头看，及时对被监督单位整改措施的合理性、可操作性、预防性、可持续性进行检查评估，对整改效果进行评价。对整改敷衍应付、成效不明显的单位，及时向其所在单位党委提出问责建议，紧盯不放，一抓到底，确保取得实效。同时，对实践过程中有重要影响或具有典型示范性作用的案例，进行定期整理并放在廉洁风险控制案例库中，逐步建立和完善本单位案例体系，供众人学习交流和教学培训之用。

三、工作成效

（一）企业“大监督”效能逐步显现

2020年，开平供电局党委、纪委通过构建“大监督”格局，有效地汇聚各级党组织、纪检监察审计及各业务职能部门的合力，延伸工作成果，做到目标统一、步调协同、优势互补、资源共享。在自我监督方面，发挥支部前哨作用，加强日常监督，提高对小问题的敏感度，防止小问题日积月累变成大问题，形成上下联动监督机制。2020年，自查发现问题78个，其中涉及行政办公领域问题41个、市场营销领域问题19个、工程建设领域问题16个、财务领域问题2个。经分析，未发现廉洁风险问题，但在日常业务的“严细实”工作作风、管理制度刚性执行方面须进一步加强。在专项监督方面，落实跨专业协作监督，形成监督合力，提高专项监督效能。协同纪检、审计、财务、办公、营销等专业监督力量，先后开展了疫情防控、作风建设、营销领域、低值易耗、车辆管理、工会经费等专项监督，检查发现问题29项。针对制度执行不严格、风险管控不到位等问题，发出监督建议书5份，约谈12人次，9人签订廉洁承诺书，相关业务部门党支部召开专题组织生活会，开展批评与自我批评，督促各监督主体有效发挥作用，进一步加强廉洁风险防控。

（二）监督队伍建设全面强化

2020年，开平供电局党委、纪委全面加强了监督队伍的建设，进一步增强监督意识和业务能力。通过组织各党支部书记开展廉洁防线管控模拟演练，以桌面推演形式开展实操演练，促进理论知识向业务能力的转化，用“大监督”的思维和视角，分析、判断和处理本领域发现的各种矛盾和问题。根据年度专责监督计划和监督检查工作安排，抽调基层廉政监督员参与营销领域专项排查等专项工作，通过训干结合，推动监督队伍人员履职担当、发挥作用。结合“支部建设年”，于2020年制定了《开平供电局进一步筑牢党支部廉洁防线行动计划表》。局层面开展专题宣贯动员、党章党规党纪案例分析和警示教育、典型廉洁问题自查等一系列工作。全局22个党支部在新建的党员教育基地，通过以案说纪等多形式的纪律教育和廉洁教育，一体推进不敢腐、不能腐、不想腐。支部层面结合主题党日开展“红脸出汗”，对照身边人、身边事剖析案例，做到以案促改。组织关键岗位人员围绕“与供应商交往中如何把握好‘亲清’尺度”，结合“5·15”招投标腐败案暴露的问题进行交流探讨，强化纪律教育主线，进一步筑牢防腐拒变的廉洁防线。

四、经验启示

（一）必须提高思想认识，积极探索“大监督”的新途径

构建“大监督”格局，是一项系统性、长期性工程，必须坚持党建引领，以党内监督为主导，促进各类监督贯通协调。各纪委监委聚焦监督首要责任，积极探索各类监督协调协同有效路径，将监督制度优势不断转化为治理效能。要增强员工全员监督意识和责任感，营造全员监督的良好氛围，从“要我监督”变为“我要监督”。要坚持监督工作同步谋划，企业党政领导班子贯彻落实“两个责任”，主动探索“大监督”格局的工作思路，带头做好表率，做到统筹安排。要坚持监督工作同步开展，将监督工作与业务生产经营高度融合，促进业务部门从被动监督向自我约束转变。要坚持监督工作队伍同步配备，在加强组织建设的同时，发挥专业人才优势，切实提升监督工作的规范化、专业化和系统化水平。

（二）必须整合各方资源，全面加强“大监督”体系建设

要继续夯实纪委的监督第一职责，发挥好纪委专责监督和再监督的作用。要将监督职责下沉至党支部，以做实做细基层日常监督工作为突破口，不断完善监督体系。要充分整合审计、财务咨询、法律、专项检查等监督资源，集中部署监督工作，实现内部监督机构相互协作、监督信息交互共享。要加强内外联动和上下机制联动，对于专业性极强的监督工作，适当引入外部监督机构，提出更为专业、系统的建议，强化内外两种监督资源有机结合。要建立信息沟通交流机制，通过信息共享，消除各监督主体之间的信息壁垒，努力打造精准监督，加强信息公开，提升关键环节公开实效，做到信息对称，公开透明。

（三）必须坚持标本兼治，着力做好“大监督”“后半篇文章”

知规守纪、廉洁从业，是党员领导干部、关键岗位和重要岗位人员正确履行管理职责的基础保障。要进一步加强作风建设，把纪律挺在前面，把规矩立起来，切实做到有案必查，有贪必肃，坚决打击顶风违纪等不正之风。要以案促改，深入剖析案件，认真总结分析，提炼共性并加以警示，做到“以案治本”，充分发挥“监督的再监督”作用，确保治理成效。要进一步巩固监督成果，强化成果运用，时刻紧盯关键环节、关键领域，密切关注苗头性、倾向性问题，做好整改成果运用。

（撰稿：覃超一、黄春琼）

优化“学做”党团协同培育机制

2021年以来，开平供电局党委、团委按照中国南方电网公司党组“四带四提升”的工作指引，精准把握青年的特点与需求，通过压实党建带团建责任链条，建立团青践学践行清单，依托党建宣传教育阵地打造特色思政课堂，不断深化“学做”党团协同培育模式，积极推动青年工作走深走实，有效提高了青年的理论素养、综合素质和创新能力。

一、实施背景

共青团是党和国家联系青年群体的基础性群团组织，也是实现国家治理现代化的重要一环。坚持党对共青团的领导是提升共青团政治性、先进性、群众性，进而更好密切联系青年、更好引领和把握青年工作的重要抓手，也是发挥总揽全局、协调各方作用，更好统筹团青组织力量服务新时代改革发展大局的重要举措。为此，2021年5月，中国南方电网公司印发关于加强党建带团建工作的实施方案，提出了“四带四提升”的思路，即：带思想政治建设，提升团组织的政治功能和引领力；带基层组织建设，提升团组织的覆盖面和组织力；带干部队伍建设，提升团干部的综合素质和专业化能力；带作用发挥，提升团组织的服务力和大局贡献度，对进一步加强企业党建带团建工作作出全面规范，为新时代加强党建带团建工作提供了基本遵循。

为此，开平供电局党委、团委坚持把握新时代党团工作的政治方向，深入贯彻落实上级文件精神，坚持党建带团建，不断深化“学做”党团协同培育模式，形成党团培育资源共享、阵地共建、工作共推的良好局面。

二、主要做法

（一）压实党建带团建责任链条

建立“学做”党团协同培育机制。按照“四带四提升”的要求，注重党团在制度、教育、活动等方面的衔接，打通协调、沟通、落实等渠道，通过党委领航、党支部引航、团委护航，科学建构、系统谋划，积极探索构建“学做”党团协同培育新模式。强化党团衔接，做到党团共建、工作共育、活动共培。同时实行“三同三包”（同学习、同工作、同考核，包党的建设、包关键指标、包短板提升），建立“五个机制”（组织协调机制、调研指导机制、成果检验机制、对标联建机制、建档闭环机制），逐步建立一级抓一级、层层抓落实的责任链条，一抓到底。

强化党团组织推优入党工作。党团联合每年对“推优”对象进行一次联合考察，将其与团员教育评议相结合、与团内“五四”评优相结合、与党组织对积极分子的培养考察相结合、与青马工程相结合，构建“理论学习+实践活动”党团联合的育优平台。同时结合“青年岗位能手”“最美志愿者”等团的其他活动，将其中的先进分子列为推荐重点，进而快捷地挖掘出入党积极分子和发展对象人选，加快推优进程。

以“基层问诊”检验落实成效。将“学做”党团协同培育列入年度的重点工作，将任务清单纳入党的工作目标管理体系和业务工作检查、考核、评比的内容。由党委班子成员带队组成下基层“问诊”小组，通过“坐堂就诊”“上门问诊”等方式，定期了解“学做”党团协同培育工作进展情况，对于工作过程中出现的痛点、难点、堵点问题，及时查根源、开方子、祛病灶。

（二）建立形成团青践学践行清单

收集青年需求清单。通过线上“键对键”和线下“面对面”的方式，

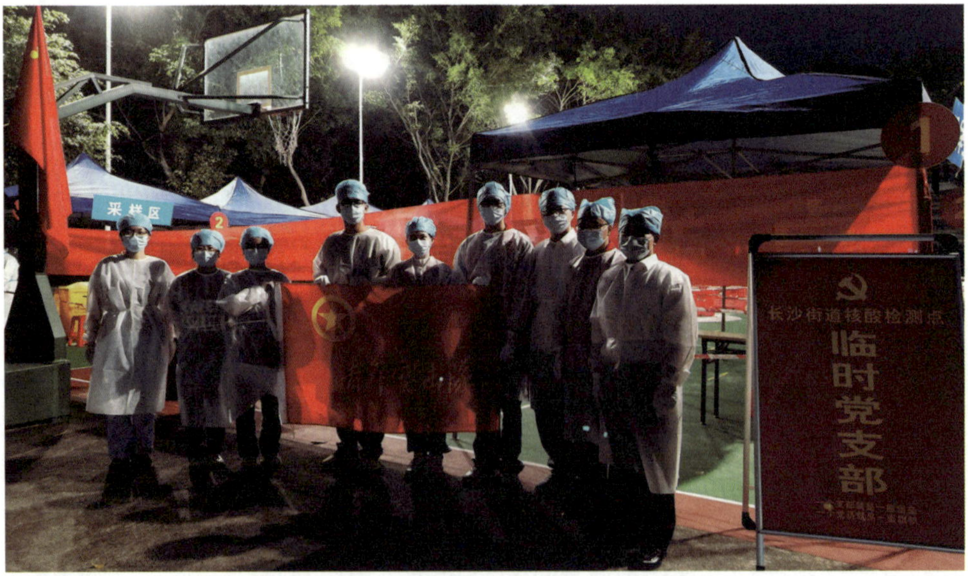

● 2022年3月，开平供电局青年突击队积极参与防疫志愿活动

常态化开展八小时外联系基层青年工作，了解其思想状态和工作状况，收集青年在学习、工作、生活等方面的意见和需求，掌握青年员工第一手信息，形成基层青年员工调研报告，并提交部门进行分析研讨，逐一列出清单，制定“学做”党团协同培育对策措施，做到有的放矢。

制订青年活动计划清单。根据“学做”党团协同培育的目标和要求，制定年度、季度、月度青年教育实践活动计划，并详细列出每项活动的主题内容、形式载体、时间地点以及期望成效，亮出“施工图”；细化“进度表”，确保有序推进、落实到位。

完善团支部工作清单。结合基层工作实际，将广东电网公司《团委工作一本通》《团支部工作一本通》等制度文件梳理整合为工作清单和到位标准，让落实团组织建设成为看得见、抓得住的具体任务，从时间上确定重要活动节点，从内容上明确应开展的活动，以提升工作的效率与质量。

（三）依托党建阵地打造特色课堂

依托教育阵地打造现场课堂。利用开平供电局党员教育基地，分层次进行入党教育和团学活动，定期开展集中政治理论学习、党团专题研讨、读书分享会，通过“领学+共学+深学”的形式，先由团干对指定教材进行研读领学，再由各团员与大家分享共学自己推荐的红色辅导图书，最后党委书记进行拓展深学，做到以讲带学、以讲促学、以讲督学。

依托网络阵地打造共享课堂。以青年人喜闻乐见的形式开展主题教育宣传和青年理论武装，自主研发微信读书小程序，通过“共读共享”方式，盘活教育基地展厅图书和个人闲置图书，并加入读后感功能，分享心得体会。

依托红色阵地打造沉浸课堂。加强党团联动，组织青年员工到农讲所、黄埔军校、周文雍陈铁军烈士纪念馆、开平南楼等教育阵地开展实践活动，从常规课堂向红色教育基地延伸。组织青年员工观看《建党伟业》《长津湖》等红色电影，引导青年沉浸式体验感悟党史，让学习教育在广大青年中热起来、活起来。

三、工作成效

（一）青年员工理论素养显著提高

2021年以来，开平供电局团委组织各基层团支部开展专题学习活动，积极参加团中央“青年大学习”网上主题团课22期，平均参学率达100%。该局团委连续5年举办读书分享会，并邀请党委书记出席指导，提升了团员青年的理论素养。组织了深入学习贯彻习近平总书记在庆祝中国共青团成立100周年大会上的重要讲话精神系列活动，其中“学党史、强信念、跟党走”观影读书会活动被评为团广东省委2021年优秀主题团日活动，并被团开平市委评为团青优秀案例。

（二）青年员工综合素质显著提高

创新构建的“学做”党团协同培育体系为开平供电局青年员工持续“充电赋能”。2021年以来，该局青年员工在公文写作比赛获得了团体和个人一等奖，多份稿件在“学习强国”平台和“中国共青团杂志”“青春央企”上发布。同时还获得了全国品牌故事演讲比赛（珠海赛区）第三名、开平市红色故事演讲比赛三等奖等各级荣誉4项。此外，参与江门供电局团委拍摄的周文雍陈铁军烈士纪念馆地标故事视频，在“知行南网”平台第一期“青年说”系列视频中刊播，展现电力青年传承红色精神的良好风貌。

（三）青年员工创新能力显著提高

开平供电局通过构建“学做”党团协同培育体系，促进青年学而思之，思而悟之，悟而行之，切实将学习成果变为实践成果，提高了青年培育工作的质效。2021年以来，该局青年员工获得南方电网公司基建部一等奖2项、中央企业二等奖等省部级荣誉18项；在江门市数字化竞赛中获得了团体和个人的一等奖；《共享数字化背景下的团员青年工作的创新实践》项目获得了江门供电局二等奖。此外，职创工作也取得了好成绩，共获得广东电网公司一等奖等省市级荣誉16项。

四、经验启示

（一）要全面压实工作的责任链条

要建立健全“学做”党团协同培育体系，各级党团组织必须坚持以问题为导向，深入调查研究，切实把工作责任落到实处，延伸下去，不折不扣地把工作要求和措施执行到位，把存在问题解决到位，把良好作风提升到位，把工作实绩体现到位，将党的政治优势、组织优势和群众工作优势转化为团组织发展优势，满足青年期待，为企业实现高质量发展服务。

（二）要充分发挥团干部的带动作用

团干部要在构建“学做”党团协同培育体系发挥好带头作用，既须撸起袖子干出样子，也要亮开嗓子做好宣传发动，即除了做好本职工作、创出业绩外，更要理论联系实践，以身作则、率先示范、以学促行，深入基层做好青年的思想政治工作，成为党的路线方针政策及上级党团组织工作决策的宣讲员，组织动员和激励青年发挥生力军作用，在电力生产建设和经营管理中贡献自己的智慧和力量。

（三）要灵活运用好各类活动载体

在工作过程中，应注重学习他人的好经验，继承、吸收过去行之有效的好做法，把握青年成长规律，针对不同的岗位、任务，在不同的时间、环境、形势下，精准定义不同类型青年的“成长标签”，分类打造各类青年成长的“赋能活动”，合力营造青年健康向上的“成长环境”。同时借鉴其他活动中好的载体，移植运用到构建“学做”党团协同培育体系中来，使之鲜活生动、有声有色，为企业所需要、青年所欢迎。

（撰稿：张荣昌、谢锟）

党建引领　创建“快乐1+”班组文化

党的十八大以来，鹤山供电局党委、工会坚持党建带工建，齐抓共管，通过完善“硬环境”——统一规范配套设施，构建“软文化”——系统推进文化活动，创新“心激励”——探索建立激励机制，积极创建“快乐1+”班组文化，带动了“职工之家”建设全面提升，职工精神面貌发生了可喜变化，生产建设与经营管理呈现出良好的发展势头。

一、实施背景

“家文化”是中国文化的一大特色，家庭观念在中国人心目中有着不可替代的地位。企业给员工以幸福的满足，员工回报企业以敬业和奉献，这是人企关系理想的良性互动。让员工生活在“幸福的家园”，把企业建成“幸福的家园”，是企业和员工共同的追求。近年来，广东电网公司和江门供电局以“职工之家”建设为主要载体，致力于推进班组文化建设，提升员工的幸福指数，形成和谐内聚的良好氛围，激发了广大员工积极争创“全国最好、世界一流”电网企业的热情和干劲。

在推进班组文化建设中，鹤山供电局党委与工会坚持以党建带工建，积极探索“快乐1+”建家模式，以“1+和谐、1+平安、1+规范、1+进取、1+创新”5个维度为切入点，将中国传统“家文化”融入建家工作中，实现了“硬环境、软文化、心激励”升级提档，带动了“职工之家”建设全面提升，让广大职工在“企业是我家”的情怀中提升归属感、幸福感，使职工队伍更具正能量、凝聚力。该局被评为“南方电网公司四星级职工之家”，其中沙坪配电运维中心获得“广东省模范职工小家”称号，雅瑶供电所被评为“南方电网公司五星级职工小家”。

二、主要做法

（一）完善“硬环境”：统一规范配套设施

标准配置各类硬件设施。党群工作人员深入基层与一线职工面对面交流，充分掌握基层职工对“职工之家”建设的需求和基层实际情况，对基础设施、生活设施和文体设施等14大方面136个细项，明确了配置范围、配置内容，制定了《鹤山供电局“职工之家”硬件设施配置标准》《基层班、站、所“职工之家”生活设施基本要求》等，为“硬环境”建设提供规范依据。

分层分级加强日常管理。通过制定《鹤山供电局“职工之家”层级建

● 2016年7月，鹤山供电局沙坪配电运维中心员工在“职工小家”里开展业余活动，增进感情

设实施方案》《“职工之家”硬件设施管理细则》，明晰了“建家”过程中相关职能部门和基层班、站、所的职责界面，梳理了硬件年度计划管理、日常需求管理、管理维护与考评等运作流程，共形成需求计划、预算审批、维修管理等流程图3个，需求申请表、验收表、设备清册等日常表单8份，实现“硬环境”建设的过程管控到位。

提供个性化贴心服务。集中资源，抓好“工余安健环”建设。按照统一规范、因地制宜的原则，升级改造“硬环境”，在每一个基层“职工小家”配套建设专门的值班休息室、文化活动室、职工书屋、技能培训室、职工食堂等设施，使职工在企业的工作环境、生活条件有了较大的改善。在此基础上，还重点关注单身、女性、青年等特殊职工群体的需求，有针对性地抓好青年成长工作室、温馨家庭工作站、女工特色小站等建设，同时因地制宜地积极开展读书分享、文艺体育、交流联谊和心理咨询等各类活动，为职工提供个性化、差异化、多元化的贴心服务，不断增强职工的幸福感和归属感。

（二）构建“软文化”：系统推进文化活动

按照“快乐1+”模式，把每一位职工当作亲人，从细节入手，从点滴关怀入手，比如为24小时抢修值班员设置简易厨房、为新员工提供生活用品包、为怀孕女工送上贴心防护服，组建顾家队、员工辅导队，建立帮扶档案，从关心工作到关心生活，从关心个人到关心家庭，真心实意帮助职工解决工作生活中的实际问题，让职工实实在在地感觉到家人的关心和家庭的温馨，促进队伍更加和谐稳定。

营造快乐融洽的团队氛围。按照“快乐1+”模式，统筹各基层“职工小家”，精心策划开展一系列特色职工文化活动，如“幸福鹤电、和谐共进”团队活力营、“寻找最美笑容，留住幸福瞬间”职工随手拍、“我健康、我快乐”趣味运动会、“大家拉小家”创意乐园和“装扮职工小家、打造特色幸福墙”等，营造“平安、安全、规范、进取、创新”的良好家风，打造“乐安全、乐工作、乐学习、乐生活”的幸福家园，在广大职工及家属中获得了热烈的反响和良好的口碑。

激励员工与企业共成长。按照“快乐1+”模式，积极为职工搭建成长平台和施展舞台，在“劳动之星”“身边的感动”“夸夸我的好同事”等评选活动中，树立一批“金牌抢修值班员”“最美营业厅座席”“巡维之星”“最佳拍档”“亲善大使”等榜样人物。积极组织开展“岗位大练兵、技能大比武”活动，多名职工获省职工技术大赛奖项和省、市职工经济技术创新能手称号。广大职工在“快乐1+”成长平台上得到了自我增值，价值得到认可和体现。

推进“我是主人”民主管理。按照“快乐1+”模式，积极倡导“企业是我家，爱企如爱家”理念，不断增强职工的主人翁意识，主动为企业发展建言献策，凝聚智慧。积极组织开展群众性创新创效活动，首创营配联合诊断、缺陷闭环管控等30多项管理创新项目，有4项QC成果分别获省科技创新金、银、铜奖。职工队伍始终保持蓬勃向上的姿态，营造出“职工之家”积极、活力、民主的工作氛围。

（三）创新“心激励”：探索建立激励机制

建立积分考评机制。鹤山供电局党委与工会立足“1+和谐、1+平安、1+规范、1+进取、1+创新”5个维度，共设立“快乐1+”13个积分激励项目，包括日常班组规范管理、安全活动、职工创新、技能竞赛、学习培训、合理化建议、工余乐活动等。每季度第一个月由鹤山供电局工会通过组织职工代表开展职工巡视工作，对14个基层“职工小家”上一季度“快乐1+”建家情况进行积分考评和统计。各“职工小家”依据开展“建家”活动的数量、效果以及获得的荣誉等，获取相应激励积分，同时也横向体现出各基层“职工小家”开展“快乐1+”工作的成效和差异性。

完善基金管理机制。配套“快乐1+”积分激励，相应建立日常“快乐1+”活动经费的基金管理机制，供各基层党支部、分工会更好地开展日常职工文化活动。基金主要由本金和积分奖励构成，每季度进行一次核算，下季度基金于第一个月结合职工代表巡视考评结果予以公布。具体计算方法：本金=50元/（人·季）×“职工小家”人数×本金系数（根据上季度绩

● 鹤山供电局“快乐1+”班组文化八大特色活动品牌

效综合评比结果设定）；积分奖励由各“职工小家”经过每季度考评得到的激励积分，参照《鹤山供电局“快乐1+”激励积分标准》相应获取。

健全激励兑换机制。以各基层“职工小家”每季度获得的积分排名来体现精神鼓励，以积分兑换获得相应的工会经费奖励来体现物质鼓励，充分调动员工的积极性，使“快乐1+”进入“办得好、奖得多，有资源、办更好”良性循环。引导各基层党支部、分工会精心策划“职工小家”建设，自主开展有特色、有口碑的“快乐1+”文化活动，使之充满活力与激情，让企业大家庭的温暖通过这一业余组织末梢，更加细致到位地输送到每位职工心坎里。

三、工作成效

（一）通过“快乐1+”建设，职工队伍整体素质大幅提升

“职工之家”不仅是员工生产生活的场所，更是个人发展、实现自我价值的训练场、加油站，为企业队伍和谐稳定夯实了根基，职工在这里收获了成长和快乐，实现与企业共赢发展。2017年鹤山供电局人才素质当量为1.04，明显高于全省平均水平，拥有中级及以上技术职称的员工有157人，约占员工总人数的33.76%，拥有技师及以上职业资格的员工有136人，约占员工总人数的29.24%，青工快速成长为业务骨干。职工创新成果丰硕，2017年申请专利项目9个，共3个项目获职工技术创新成果奖三等奖。

（二）通过“快乐1+”建设，职工精神面貌发生了可喜变化

“快乐1+”的建家过程，结合“暖心工程”共同推进，既实现物质基础优化，又实现精神内涵赋予。通过因地制宜的“文化建家”，职工的生产办公环境有了很大改善，业余生活也更加丰富多彩，“家文化”带给他们精神家园的认同感和归宿感，激发了职工以极大的热情投入“家”的建设中，真切感受到文化的力量和大家庭的温暖，给职工实实在在的获得感

和幸福感，涌现了一批批优秀的“供电服务之星”，如快退休还依然坚持学习新业务的老党员冯桔昌、深受客户赞誉的营业厅微笑服务“姐妹花”、带着乐趣热情投入工作的巧手工匠“嘀嗒姐”等。他们用幸福的笑容，为客户满意度加分。

（三）通过“快乐1+”建设，管理业绩呈现出良好的发展势头

“快乐1+”，用情暖家，科学管家，激发了员工以“我是主人”的姿态，主动探索，自主当家，呈现出强大的凝聚力、执行力、战斗力，极大地促进了企业各项管理水平和电力生产技术核心指标的提升，让群众“用上电”“用好电”，以实际行动诠释了“为客户创造价值”的服务理念和“人民电业为人民”的企业宗旨。鹤山供电局农村D类电压合格率100%，紧急、重大设备消缺率100%，故障报告准确率100%，当年电费回收率99.998%，连续两年达到了历史最好水平，供电服务得到了地方政府、社会各界和广大客户的一致认可和广泛好评。

四、经验启示

（一）要做到软硬兼修

推进班组文化建设，要在下辖基层“职工小家”全面实施“硬环境，软文化”升级改造，一手抓生产办公环境的优化升级，改善员工的工作条件；一手抓职工精神层面的文化引领，活跃员工的业余生活，陶冶思想情操，实现物质文明和精神文明建设虚实结合、相融互促，使“快乐1+”建设模式落到实处。

（二）要逐级分层推进

推进班组文化建设，要以“职工之家”建设为抓手，在县市局层面，由局党委与工会牵头统筹策划“快乐1+”模式建设，党政工团协力配合、分工推进；在供电所层面，由基层党支部、分工会因地制宜，以打造特色

"职工小家"为纽带，逐级推进"快乐1+"模式，切实做到贴近基层一线、贴近职工生活。

（三）要确保长效运作

要健全完善"快乐1+"模式中的组织架构、运作机制、操作规范、实施细则、考评标准等，使"职工之家"建设具体化、流程化、常态化，并通过开展职工喜闻乐见、内容丰富、形式多样的各类安全生产、创新创造、技能竞赛、学习培训、文化体育等活动，在长效运作机制中不断转化和传播"家文化"，逐步打造出"快乐1+"特色品牌。

（撰稿：黄洁茹、胡远根）

多措并举把好党员发展“入口关”

近年来，恩平供电局党委积极探索创新，将数字化技术引入发展党员的管理中，通过多维度细化评价标准、搭建数字化评价模型、建立长期跟踪培养机制等方式方法，使发展党员工作更加科学规范、更加精准高效，实现科学筛选、优中选优，进一步把好“入口关”，为党员队伍输送更多的优秀人才和新鲜血液，提升党组织的凝聚力和战斗力。

一、实施背景

数字化是当下社会发展与前进的重要推动力，数字化党建已成为未来党建基础管理工作的大趋势，使用数字化构建发展党员量化评价模型，从而减少根据个人主观印象片面发展党员的现象，有助于坚持政治标准，强化党的政治纪律和政治规矩，为党员队伍输送更多优秀人才，提升党组织战斗力。

目前，恩平供电局党员队伍庞大，占职工总数的40%左右，而且每年都有不少职工群众申请入党，如何科学评价、培养和筛选其中的先进分子是党建工作的一大难题。目前，恩平供电局党委对入党积极分子采用“343”（过关式考试及测评占30%、入党积极分子审查评价占40%、入党积极分子面谈占30%）评价方法进行考查，这对于抓好发展党员工作起到了很好的作用。但在实际的操作过程中，由于党务工作者对发展标准的认识不尽相同，对标准的把握程度也是松紧不一，仍然存在着客观量化不够、难以全面衡量和综合评价的问题。为此，该局党委积极探索创新，将数字化技术引入发展党员的管理中，运用大数据建立一套发展党员量化评价模型，对入党积极分子进行全面衡量和综合评价，实现了科学筛选、优中选优，进一步把好“入口关”，有效地保持和提升党员队伍的纯洁性和先进性。

二、主要做法

（一）多维度细化评价标准

按照党员发展工作“控制总量、优化结构、提高质量、发挥作用”的“十六字”总要求，参考合格党员“四讲四有”（即讲政治、有信念，讲规矩、有纪律，讲道德、有品行，讲奉献、有作为）的评判标准，将其转化为政治素质、教育程度、岗位技能、工作业绩、安全意识、廉政意识等6个维度的入党积极分子评价标准，并细化为党的基础知识考试成绩、心理测评结果、政治素质考评结果、年龄、学历、群众评价、职称、个人先进性、工作业绩、个人绩效、安全积分以及安全、廉洁红线底线等13个小项指标，同时加入1个“班组已有党员数量”指标作为“控制党员发展数量”和“消灭无党员班组”的参考项，使党务工作者和其他党员对入党积极分子的评价更加直观、党员发展工作更具可操作性。

（二）搭建数字化评价模型

结合本单位党组织架构及党员队伍结构的实际，收集每个基层党支部入党积极分子上述6个维度14个小项指标的详细信息，按照轻重程度分成三类，并设定分值比重。其中触犯安全、廉洁红线底线2项为一类指标，实行一票否决；党的基础知识考试成绩、心理测评结果、政治素质考评结果、班组已有党员数量、群众评价、个人先进性和工作业绩7项为二类指标，各项指标分值比重设定为10%；年龄、学历、职称、个人绩效和安全积分5项为三类指标，各项指标分值比重设定为6%。并通过复合条形图、饼状图、

● 2021年7月，恩平供电局发展党员量化评价模型项目荣获江门供电局第一届数字化党建技能竞赛团体赛一等奖

散点图、多边形图、复合排序图、六角图、流程图等对各项指标进行可视化展示。在此基础上，应用Tableau软件搭建发展党员数字化评价模型，并收集2016—2021年入党积极分子转发展对象的数据来验证模型的准确性，不断修正各项指标分值占比，力求尽可能做到科学、客观、公正、严谨，并为日后筛选工作提供精准的数据支撑。

（三）建立长期跟踪培养机制

通过“群众日常评价、培养人考核、支部书记审核”制度，推动入党积极分子管理由“日常模糊管理、只重期末考核”向“注重过程管理、全面提升素质”转变。将入党积极分子谈心谈话、培训记录、志愿活动等全部纳入平台管理，实现电子留档、全周期管理。应用数字化评价模型，获取每个入党积极分子从提交入党申请书之日起的各种相关信息，为其绘制“立体”画像，形成“入党属性卡”“全身像”，指出个人的强弱项和提升措施。按照“能进能出，选优汰劣”的原则，对各个入党积极分子思想、工作、学习及生活情况进行实时分析，再根据综合排名情况，将优秀的确定为发展对象，合格的继续培养，不合格的则及时进行清理，做到党员发展工作关口前移、程序严谨、阳光操作、择优录取、科学高效。

三、工作成效

（一）创新推进，发展党员工作更加科学规范

恩平供电局党委通过多维度细化量化入党积极分子的评价标准，搭建数字化评价模型，弥补了党务工作者存在的多以主观评判确定发展对象的问题与不足，减少了人为因素，分析和评价更加精准可靠、公平公正，提高了党员群众对基层党支部和发展党员工作的信任度，再配套建立长期跟踪培养机制，从而实现由“人工考核”“事后考核”向“智能考核”“自动提醒”“实时考核”的转变，使发展党员工作可视化、规范化、科学化。2021年7月，这一创新成果荣获江门供电局数字化党建技能竞赛团体赛一等奖。

● 2021年12月，恩平供电局运用发展党员量化评价模型把好党员“入口关”

（二）优化提升，发展党员工作更加精准高效

恩平供电局党委结合线上与线下，实现了对发展党员工作的多维度细化分类、大数字量化分析及长效化管理，提高了发展党员工作效率与质量，工作量减少了80%，准确率达95%以上。同时有效维护和增强了党组织在员工心中的形象与吸引力。2021年，该局发展新党员8名，培养入党积极分子10人，另有优秀生产骨干人才17人主动向党组织递交了入党申请书。

四、经验启示

（一）要细化评价标准，统一发展党员“度量衡”

要坚持“一把尺子量到底”，坚持党章规定的党员标准，参考合格党员“四讲四有”的要求，细化发展党员标准，使之更加具体、更具可操作性。要坚持把政治标准放在首位，“在思想上入党、在行动中入党”是发展党员工作的根本要求，也是保持党的先进性、纯洁性的重要保证。

（二）要通过信息化手段，提升发展党员“精准度”

要应用信息技术，搭建发展党员数字化评价模型，根据发展党员计划，按照时间节点，详细记录入党积极分子从提交入党申请书到成为正式党员五个阶段的各类信息，并及时进行系统校核，确保发展党员全程有迹可循、有证可依。要进一步规范操作流程，让发展党员职责更加清晰、结果更加公平公正。

（三）要做好培养考察，种好发展党员“责任田”

要落实发展党员的主体责任，建立“支部为主、党委把关、部门参与、分工负责、共同培养”机制，通过指定培养联系人、跟踪培养、压担锻炼、动态管理等方式，认真做好教育、培养、考察、审查、公示、吸收等工作，严格把关，重点考察发展对象的政治态度和行为表现，确保成熟一个、发展一个。

（撰稿：吴礼婷、黎君仪）

第二章 暖流

凝心聚力促发展

党支部是党全部工作和战斗力的基础，是党联系群众的桥梁和纽带。多年来，江门供电局各基层党支部聚焦生产建设和经营管理中的短板，聚焦群众关心的热点、难点问题，找差距、抓落实，切实为员工办实事、解难事、做好事，不断提升凝聚力和战斗力，团结和带领广大员工奋力前行。基层党支部战斗堡垒作用的充分发挥，如同汩汩暖流，在五邑侨乡大地上奔涌流淌，凝聚成创建『全国最好、世界一流』供电企业的澎湃力量。

高质量党建铸造高质量工程

近年来，江门供电局基建部党支部深化党建与业务双融合，坚持以目标为导向，通过实行挂旗督办、设立党员责任区、开设书记项目等，锚定大湾区重大电网工程不放松；坚持以问题为导向，通过把支部建在项目上、开展“党建治违”、建立党建联络机制等，着力化解工程项目的难点问题。高质量党建铸造了高质量工程，凝聚了基建队伍的奋进力量。

一、实施背景

自党中央国务院发布“十四五”规划和2035年远景目标纲要，中国南方电网公司发布改革三年行动方案以来，新的发展理念对电网建设提出了更高的要求，与此同时，电网建设过程中还面临着新冠疫情蔓延、强降雨及高温天气等不利因素。如何立足新时代，自觉在党和国家工作大局下想问题、做工作，把党支部工作与项目部工作融合互促，让党支部在工程建设过程中充分发挥战斗堡垒作用，打造安全、可靠、绿色、高效的智能电网，是基建领域党建工作的重点攻关方向。

江门供电局基建线共8个党支部，承担着江门3个区、4个县级市9535平方公里的电网建设任务。为此，该局基建部党支部积极探索党建与业务融合道路，建立了一支以党员为主体的重点工程先锋突击队，探索构建“支部建在项目上”管理体系，以高质量党建引领铸造精品工程，先后完成500千伏阳江核电送出、台山核电送出、狮洋至五邑输电线路、500千伏江门变电站加装串联电抗器等重大工程，并多次受到南方电网公司和广东电网公司的嘉奖。

二、主要做法

（一）以目标为导向，锚定大湾区重大电网工程

对重点工程挂旗督办。支部运用督查挂旗组织生活法，开展江门（江海）智能电网示范区等6项大湾区智能电网示范工程挂旗督办工作，责任落实到党员，对推进有力的工程挂红旗表彰，对推进不力的工程在组织生活会上集体讨论对策。将党员的表现与其季度、年度先进性评价进行对接，充分发挥党员的先锋模范作用。

设立党员责任区。支部对辖区内所有工程现场划定党员防疫责任区，设立党员责任区代表，现场挂牌公示，各人守土有责，监督落实工程建设项目“十个一”防疫措施，推进南网智慧工程实名制系统的应用，实施复

工现场全过程疫情监控管理，取得了良好的效果。如提前3个月完成南方电网公司重点专项工程——江门变电站500千伏江西甲乙线GIL质量提升，提前2个月完成5项广东电网公司智能配电网重点工程，提前2个月完成江海中电高新区天然气分布式能源站项目接入系统工程等，同时打赢防疫和复工两场硬仗。

开设书记项目。支部细化落实并全力推进“公司推进高质量发展创建全国最好、世界一流省网企业行动方案”11个公司级名片和35个领先标志中基建领域各项任务，将智能变电站示范项目110千伏仲元（连海）智能变电站工程作为“书记项目”，将项目月度推进会与党内“三会一课”结合，支部书记牵头作部署、抓落实，引领大家“心往一处想，劲往一处使”，共同解决工程建设过程中遇到的困难，确保完成年度建设任务。

（二）以问题为导向，聚焦工程项目的难点问题

把支部建在项目上，解决项目进度难题。基建工程中个别青赔、物资等关键问题协调难度大，是整个工程项目的“拦路虎”“绊脚石”。为

● 2019年6月，江门供电局500千伏串抗工程临时党支部在施工现场设立党员责任区并挂牌公示

此，支部大力发挥党支部战斗堡垒作用，针对业务难题和重点项目成立跨单位、跨部门的临时党支部，通过靠前指挥、互联互动、共建互补，把党的政治、组织优势转化为项目优势，为解决项目进度难题提供坚强组织保证。例如，2019年4月，江门500千伏串抗工程中成立由供电局、政府部门、设计单位、施工单位、监理单位、设备供应商等组成的临时党支部，把项目不同阶段的业务难题作为主题，当需要各参与方共同解决问题时，马上在施工现场组织开展支部组织生活会，运用群众路线行动法先后解决了从设备到货配件缺失等一系列急难问题，确保安全、优质、高效地完成建设任务。此外，还成立了220千伏高新输变电工程临时党支部、珠西南外环配套500千伏线路工程（江门段）临时党支部等一批“党建+项目”临时党组织，带动项目各参建单位党员、群众争先创优。

深入开展党建治违，解决风险管控难题。支部深入开展“党建治违”，确保党员身边无违章，确保党员“三无三不三带头”。持之以恒收集整理违章数据并加以分析，针对性开展保命教育培训。全面应用现场安全风险信息可视化管控手段，从严落实现场风险管控，强化执行现场安全“四步法”“五个严禁”以及施工机具“八步骤”，有力提高承包商落实安全责任的自觉性和主动性。对线上线下检查发现的问题，开展谈心谈话、组织生活会等活动，及时化解安全风险。

建立党建联络机制，解决内外协调难题。党支部加强与地方政府的联系与沟通，建立电网建设“联席会议”工作机制，面对面地交流信息、通报情况，及时商讨解决电网建设中出现的各种突出问题。促请政府出台合法青赔标准，切实防范和化解各类不稳定风险隐患与矛盾纠纷。加强与农业、林业、交通、铁路、环保等相关方的支部联建工作，做好协调，着力化解工程办证、交叉跨越、征地青赔等困难。支委委员挂点跟踪长期挂账项目，以推进新会双水发电厂热电联产一期接入系统工程、江门110千伏丰盛输变电工程为突破口，把任务交给支部，把困难下给党员，充分发挥党的先进性作用，较好地解决长期挂账项目建设难题，为按时优质完成工程建设创造了条件。

● 2019年4月，江门500千伏串抗工程临时党支部在讨论工程协调问题

三、工作成效

（一）高质量党建铸造了高质量工程，提升了电网可靠性

支部以点带面，通过创建优质工程标杆，归纳总结创优经验，不断完善工程质量管理体系，持续推进标准化建设，科学复制逐步推广到所有工程，促进工程质量整体提升。组织党员修编工程质量通病图册，开展质量通病防治工作，严把进场关、检验关、验收关，及早发现设计错漏、设备安装工艺不良、产品质量问题等隐患，跟踪督促落实整改，确保工程按时、保质移交。高品质工程保障了电网可靠性和用户满意度稳步提升。近年来，江门供电局建成的广东首批装配式变电站之一——220千伏司前变电站，荣获2020年度“中国安装之星”国家级奖项，续写江电百年匠心传承；建成南网首批智能变电站之一——220千伏泡步变电站、南网首创“5G+载波”智能配电房，自主研发220千伏泡步变电站“5G+智慧工地”系统，领先全国“5G+”电力建设行业应用，荣获2020年度电力建设科技进步奖。

（二）高质量党建推动了电网智能化，促进了企业科技创新

支部积极推动科技创新，整合优化科技资源配置，全力推进电网智能化。组织党员参与电网转型升级相关精益项目、科技项目，鼓励创新管理思维，激发党员队伍创新创造活力。在220千伏泡步输变电工程运用“5G+智慧工地”，实现智能视频监控、人脸识别实名制管理、VR安全交底、大型机械设备群安全防护等多项智能化管控。推广应用装配式建筑、智能配电房、输电线路实景三维建模、变电站及配电房台架BIM建模技术等一批自主研制的新技术、新材料，建成全省首个真正意义上的装配式变电站、中国电力优质工程——220千伏石名变电站，建成了一批配网智能配电房。“500千伏阳江核电一期接入系统工程”等3项科技成果获得广东电网公司奖励，“缩短台架变压器低压布线套管安装时间”等10项QC成果获得中国电力行业协会奖励，以创新创效推动企业高质量发展。

（三）高质量党建带动了员工成长，凝聚了队伍奋进力量

支部综合运用劳模表彰、感动人物评选等评先成果，结合广东电网公司“我是党员”“身边的党员榜样”和江门供电局“美丽绽放”巡讲活动，让先进人物进支部、进基层、进班组，充分发挥示范引领作用，向广大职工传递正能量，激发他们的工作热情和创造力。央企劳模关华深、广东省党代表关俊峰、技术技能专家李晓斌、李子新等一批党员干部楷模，以自己的亲身经历，讲述立足岗位、不断前行的奋斗历程和创新故事，讲述工作中遇到的困难与挑战以及如何克服困难、提高工作效率的方法，得到职工的积极响应，效果良好。支部持续开展“一看就是党员”等主题党日系列活动，党员必须是骨干，骨干培养成党员，提升了党员干部的典型影响力和建设领域的党性修养。2017年，主网第一业主项目部获评南网首批五星级班组，2018年全区基建业主项目部获星级，开平供电局第一业主项目部获评“四星项目部”，2019年主网第三业主项目部获评“四星项目部”，打造了一支专业人才队伍。

四、经验启示

（一）把支部建在项目上是党建引领基建的组织保障

支部要规范落实党建责任，坚持以高质量党建引领和保障高质量工程建设。发挥好临时党支部作用，运用好党员突击队、责任区、示范岗等基层单元。重点工程实现“一工程一支部”，临时党支部成员包含地方政府相关部门，建设单位和设计、施工、监理等参建单位相关党员，有助于各方凝心聚力推进基建工程顺利开展。

（二）切实走好群众路线是党建引领基建的有效方法

运用党建督查挂旗组织生活法、群众路线谈话法、群众路线行动法、党建成效评价法等工作方法，结合具体业务，深入剖析电网建设中存在的问题与短板，有针对性地抓好“书记项目”，开展“党建治违”活动，能够有效地促进党建与业务的深度融合。

（三）实施政企支部联建是党建引领基建的主要抓手

发挥党支部联建平台优势，增强与地方政府的协调与沟通，以党史学习教育为切入点开展联建活动，并与解决办证、青赔等实际问题紧密结合起来，集合力量，优势互补，同心协力，共商共建，有利于提高工作效率和加快工程建设。

（撰稿：张晓光、张婉婷）

以“党建+”赋能供电所标准化建设

自2018年起，新会罗坑供电所党支部根据不断变化的新形势、新任务，不断创新基层党建工作与业务工作互融互促的方式和载体，通过实施“党建+指标管控”“党建+建家纳言”“党建+领安治违”“党建+精细运维”“党建+优质服务”等，充分发挥了党的先进性，助推基层供电所标准化建设向前发展。

一、实施背景

供电所标准化建设是一项长期性、综合性、系统性的基础工作，近年来，广东电网公司和江门供电局持续加强以“基层、基础、基本技能”建设为主要内容的供电所标准化建设，对供电所各业务领域的管理提出了更规范、更严格的要求。

罗坑镇坐落在江门新会区西南部，与台山市接壤，地理位置相较于区域内其他乡镇要更偏远。罗坑供电所的前身是由两个镇的供电所合并而来的，人员素质较为参差。罗坑供电所作为江门供电局一个典型的中小型供电所，在供电所标准化建设的过程中，面临着大多数基层供电所都遇到的普遍困难：人员老龄化严重、资源禀赋不足、缺乏新鲜血液补充。自2018年起，新会罗坑供电所党支部立足本地实际，寻求突围脱困，充分发挥供电所支部组织能力强、党员比例高（党员占总员工总数的65%）、先进性强的优势，推动党的建设与主营业务的深度融合，创新开展“党建+”联动主营业务，并通过实践与沉淀，打造了基层供电所标准化建设新模式。2020年该供电所考核指标得分在江门供电局全区排名第一。

二、主要做法

（一）“党建+指标管控”，用活党员责任区

创新性地将党员责任区与供电所指标看板结合起来，首先是对照供电所指标看板的数据，组织党员在每月支部大会上深入分析指标管控的难点、痛点和关键点，在此基础上，开展批评与自我批评，自行揭短，深挖思想根源，共同商讨出整改提升的具体举措，找准着力点。其次是狠抓落实，进一步健全完善供电所党政之间、业务之间、班组之间、党群之间的联动机制，同时将具体整改举措纳为党员责任区的工作内容，实现党组织“公转”与党员“自转”并进。并实施闭环管理，及时跟踪落实情况，每月支部会根据指标看板结果检验举措成效，总结和提炼经验，确保党员责任区管控到点到位。

● 2020年12月，新会罗坑供电所开展春耕志愿服务活动，为村民检修农排线路

（二）“党建+建家纳言”，打造高素质人才队伍

注重从企业内部培育挖潜，不断提升员工队伍素质。利用供电所内训师资源条件，结合岗评及实际工作需要，自主开展配电、营销等技能培训。组建“专家+青年人才”职工创新团队，实现跨单位联动，巧借外力，共同解决日常业务难题。同时也多次把该所优质的师资输送到兄弟供电所，分享交流工作经验。2018年，还以“书记项目”的形式，聚焦全员基本技能提升，多措并举，持续提升员工的技能水平，增强主营业务核心竞争力。

针对罗坑供电所地处偏远、难以留人的问题，通过“党建委派单”的形式，拓宽员工诉求反馈渠道，加强与员工的沟通，积极为其排忧解难。同时积极建设“职工小家”，不断改善学习工作生活环境。硬措施方面，在办公大楼配置文体舒缓室、阅览室、篮球场等一众娱乐休闲场所与设施，在员工宿舍配齐生活必需物品，持续改造职工食堂环境、改善饮食品质。软文化方面，组建羽毛球、足球、篮球、文艺等“八大兴趣”小组，定期开展活动，使管理的内涵向8小时外延伸，丰富职工的业余生活。并通过“家庭乐”“亲子乐”等活动，培育“家文化”，增强员工的幸福感和归属感。

（三）“党建+领安治违”，守牢安全防线

深入开展“党建治违”，以党员责任区为切入口，从人员思想根源上推动党建与安全管理工作深度融合，深入治理安全生产中出现的违章行为。以党支部专题组织生活会为载体，分层分级应用“书记谈心、集体谈话、学习教育、批评与自我批评”方法问责“杜绝类、严禁类、违章类、规范类”四类问题。

切实开展安全生产领域“三无三不三带头”活动，切实充分发挥党员先锋模范作用，每一位党员在其党员责任区内就是一名兼职的安全区代表，参与安全管理事务，主动报告责任区内的安全隐患，还要勇于指出并纠正身边人员的违章行为。

将安全生产防线前移，做到在停电检修前的现场勘察必有党员骨干参与，并做到配网员、工程员、施工单位负责人三方到位，共同实地查勘，掌控安全风险、施工难度及各类不确定因素，验证带电作业、发电保电可行性，提高“现场安全风险管控一览图”和施工方案编制的准确性。停电前由分管生产的所长对工作票等现场作业文件进行复审，停电当天派驻运维人员进行现场监护，对人员状况及施工质量进行全过程跟踪，保证施工安全有序开展。

（四）“党建+精细运维”，努力实现零故障

细节决定成败。罗坑供电所党支部号召全体党员、骨干秉承“严细实、精简要”的工作态度，对待电网运维工作从细处入手，做到措施实、目标实。大力开展“我是党员我带头”活动，高举党建引领旗帜，把“设备主人制”和“差异化运维”工作的闭环管理纳入党支部会议研讨内容中，让其他专业线的员工共同参与线路运维工作的策划，群策群力实现高

● 2021年3月，新会罗坑供电所党支部书记带头签订安全生产承诺书

效管理。通过全员参加机制，调动运维班、客服班人员联合开展自主检修，化被动为主动，一是节省了外委检修的费用，二是创造了全面锻炼的机会和促进了员工技能的提升。2019年以外破防控工作为书记项目，以《活用组织生活会，解决线路故障率高问题》为选题，供电所分管生产的所长亲自抓，联合地方政府，在重要节日和重大气象预警前，综合治理外破“黑点”，实现关口前移管理。发挥党员先锋模范作用，不定期走访相关施工单位和当地村民，用好微信等沟通机制，通过宣传安全用电知识、告知施工方“黑点”隐患严重性，增强安全意识，实现施工单位主动报告施工情况。对大型施工单位制定“一图一表一方案”，中期以专人“飞行+旁站”方式进行过程监管，有效防控外力破坏苗头，形成多层面动态监察设备安全运行的良好局面。

（五）“党建+优质服务”，积极为客户创造价值

在客户诉求管理方面，实施“党员+网格经理”驻村服务新模式。网

格经理收集辖区涉电问题并分级处理，努力实现村民打一个电话就可以将业务办妥。通过开展主题党日活动，对工单办结经验进行分析共享，同时每位网格经理（党员）对工单进行换位思考，共同研讨提升举措，苦练内功，形成机制。

在电费管理方面，深入了解客户经营状况，尤其是在受疫情严重影响的情况下。罗坑供电所借助与地方政府、银行等建立的良好关系，主动帮助经营困难的客户拓展销路、缓解资金困扰，用实际行动感化用户，使其每月按时缴纳电费。增供扩销方面，积极协调政府，利用闲置线路为客户快速接入，节省业扩配套投资300万元。完成用电大户售电合同签署合计1600万千瓦时。疫情期间，企业经营环境困难，各行各业寻找新出路，罗坑供电所抓住契机，主动上门走访，积极配合用户企业转型。完成澳华生物公司增容1万千伏安项目，预计年新增电量2000万千瓦时；镇内第一大企业冠华针织转为网电直供，增容2.5万千伏安，年新增电量1.5亿千瓦时。

此外，罗坑供电所还组建“心灯”党员服务队，上街入户为贫困户解决用电难题，连续十多年开展春耕志愿服务。落实疫情期间用电优惠政策，为236户低保户办理免费电业务。在“天鸽”“山竹”等强台风面前彰显“江电铁军”风采，实现快速复电，以实际行动赢得群众的认可。

三、工作成效

（一）创新了基层党建工作的方式和载体

新会罗坑供电所通过开展“党建+指标管控”“党建+建家纳言”“党建+领安治违”“党建+精细运维”“党建+优质服务”等活动，不断创新基层党建工作方式和载体，使党建工作更能体现新时代精神、更加符合基层实际、更加贴近每位党员群众，有效增强党支部的活力和吸引力，进一步调动广大党员的工作积极性和创新力，从而提升了党建工作质量与成效。2020年，该所获得了广东电网公司“工人先锋号”称号，并被评为南方电网公司五星级模范职工小家。2021年，该所党支部获评为广东电网公司先进基层党支部。

（二）提升了基层供电所标准化建设水平

新会罗坑供电所以“党建+”为抓手，积极推进供电所标准化建设，实现各项业务通盘提升，达成了“一高四零”的目标，实现了“人才队伍高素质、安全生产零违章、电网运维零故障、客户服务零投诉、电费回收零欠费”，该所2018—2022年组织绩效考核获评2次A级和1次B+级，获得“四星”班站所称号。2020年供电所考核指标得分获得满分的好成绩，获评江门供电局安全生产先进集体，为众多资源禀赋一般的中小型供电所开展供电所标准化建设提供了一个可供参考的范本。

四、经验启示

（一）积极调动党员群众的主观能动性是以“党建+”赋能供电所标准化建设的思想基础

要进一步加强基层党支部建设，更加重视做好党建思想政治工作，以先进模范人物为榜样，要求党员牢固树立奉献和进取精神，要求职工牢固树立主人翁意识，着力解决他们工作、学习和生活方面的现实问题，不断完善各项服务保障设施，认真听取党员、职工的心声和意见，及时有效地为其解决问题、化解矛盾，使之以更加饱满的热情投入企业创新中去，形成你追我赶的良好竞争势头。

（二）充分发挥党的先进性是以“党建+”赋能供电所标准化建设的首要任务

关键时刻，关键在党。要充分发挥党支部的战斗堡垒作用，把组织中的每一份“红色动力”凝聚好，把每一个“红色细胞”激发出，再借助“党群结对”“党员示范岗”等方式将红色力量辐射开来，团结带领群众推动供电所标准化建设各项具体工作落细落实。要充分发挥广大党员的先锋模范作用，使党支部成为群众中竖得起、看得出的“一面旗”，带动普通员工共同担当尽责、攻坚克难。

（三）不断创新党建工作方法载体是以“党建+”赋能供电所标准化建设的重要手段

党建工作不可能一成不变，要根据不断变化的新形势、新任务，不断创新方法载体，狠抓落实、破解难题、创出实效。例如，经过多年实践证明行之有效的群众路线行动法、“走传谈”活动、书记项目、党建治违、党员责任区等方法和载体，都为供电所标准化建设提供了丰富的“党建工具”，通过这些工具可以有效实现对难点、弱点、堵点的精准聚焦，搭建平台，整合力量。

（撰稿：冯伟杰、梁嘉淇）

实施党建“七步法”　建设标杆党支部

新会七堡供电所党支部紧密结合基层实际，找准切入点和着力点，自2016年起通过不断的探索和实践，逐步形成了“学理论、树信仰；比先进、找差距；摆问题、剖思想；定目标、作承诺；抓改进、促提升；勤对照、常自省；同考核、评效果”的党建工作“七步法”，让“小支部”发挥出“大能量”，成效显著，成为中国南方电网公司的标杆党支部。

一、实施背景

党支部是党在社会基层组织中的战斗堡垒，是党的全部工作和战斗力的基础。作为党建工作的前沿阵地，基层党支部更是党对职工的重要“影响源”和信息“反馈点”，搞好基层党支部建设，能够为电网安全生产、经营管理等提供坚强组织保证和强大精神动力。发挥好党支部的战斗堡垒作用，促进党建与业务双融合，实现同步发展，在新形势下显得尤为重要。

七堡镇位于新会区中西部，面积约21平方公里，2015年总用电户数7709户，售电量1.5657亿千瓦时。近年来，该片区飞速发展，成为众多工厂、企业的聚集地，一批如李锦记、无限极等极具代表性的大型企业落户七堡，该镇用电量剧增。对此，自2016年起，七堡供电所党支部根据党中央“两学一做”学习教育部署，结合自身实际，找准切入点和着力点，探索开展党建工作“七步法”，着力雕琢“小而精”队伍，让“小支部”发挥出“大能量”，带领党员职工凝心聚力、高质量地做好供电服务工作，成绩卓著。

二、主要做法

（一）第一步：学理论、树信仰

七堡供电所党支部重视每周政治学习的实效性，重点围绕供电所的各项业务，从廉洁从业、遵纪守法以及客户服务等方面，学习党章党规、系列讲话和党的优良传统，引导党员加强共产党人的信仰，践行为人民服务的宗旨。同时发挥好支部指导员的作用，指引党员制定差异化学习计划，选择与岗位密切度较高的内容反复学、重点学。2016年，结合“三会一课”和“两学一做”学习教育常态化学习会，七堡供电所党支部党员理论素养得到极大提升。

（二）第二步：比先进、找差距

七堡供电所党支部把“身边榜样”作为“学”与“做”的切入点，通

● 2017年5月，七堡供电所党支部组织党员员工免费检查养殖户的用电设备

过建设“为身边榜样点赞”宣传栏的创新做法，为支部员工对身边的好人好事或者取得进步的党员、员工主动点赞搭建了一个新平台，鼓励以身边的榜样来感染和带动身边的同事。例如七堡供电所党员阮秀琴，因表现优异被评为江门供电局“最美营业员”，党支部组织党员以阮秀琴为比照对象，查找自己在“政治素质、群众评价、岗位技能、工作业绩”方面的差距，把党章党规中的党员特质投射到“身边榜样”上来，积极传递正能量。

（三）第三步：摆问题、剖思想

在找准差距以后，七堡供电所党支部深入挖掘差距背后的思想根源，对症下药。每月召开组织生活会，以身边的榜样人物为“镜子”，组织党员围绕“四讲四有”（讲政治、有信念，讲规矩、有纪律，讲道德、有品行，讲奉献、有作为）合格党员标准进行大讨论，开展批评与自我批评，抛开面子，抓住要害，直面问题，直击痛处，不空泛、不绕弯，寻找出差距背后的思想根源。

（四）第四步：定目标、作承诺

找到差距与思想根源后，七堡供电所党支部实行支部书记与党员一对一谈心，党员立足自身岗位提出3—5条有待改进的指标或任务，例如：“如何更高效开展巡查”“如何提高现阶段电费回收率”等问题，通过承诺来引导党员树立“两学一做”的行动目标，将其融入到党员个人承诺事项中，使得承诺更加实在、具体。

（五）第五步：抓改进、促提升

七堡供电所党支部抓住为民服务这根主线，一是主动发挥党员先锋作用，为客户提供“贴心、细心、真心”服务，例如在化解李锦记（新会）食品有限公司光伏发电项目业务难题上，由党支部书记担任客户经理，同能源、设计、调度、市场等相关部门进行多方协调，最终顺利在工期内完成任务。二是结合新会供电局党委“百名党员进百村”的部署，该所党支部与当地村委结对联建，每位党员都挂点联系一个乡村，在每年安全活动

● 2022年9月，新会七堡供电所走访李锦记（新会）食品有限公司，了解光伏及沼气发电项目进度与用电需求

月期间，由党员结合日常工作对村民开展安全用电和供电服务宣传，及时掌握当地的用电发展需求。三是持之以恒开展“保贫困户安全，服务乡村振兴”“供电送光明”等党员志愿服务活动。党员李国杰成为新会区的星级义工，受到当地义工组织的肯定。

（六）第六步：勤对照、常自省

七堡供电所党支部每周积极开展自我对照反省工作，由党员针对承诺事项的落实情况进行自查，再由支部指导员点评。同时，利用好“为身边榜样点赞”，对工作取得进步的党员及时给予肯定。2016年，设立点赞牌，将近期好人好事和正能量贴榜，有效营造了“你追我赶”的氛围。

（七）第七步：同考核、评效果

七堡供电所党支部将党员先进性测评纳入员工绩效考核，在每个季度末召开组织生活会，对党员先锋模范作用的发挥情况进行评价。对进步缓慢或确实有客观困难的党员，支部书记及时开展“走传谈”，倾听他们对工作和生活的感受，疏导他们的情绪，通过党内关怀引导他们进步。例如，七堡供电所党支部曾通过书记一对一谈心，鼓励某原持证上岗未达标的班员通过加强培训学习提升自身技能，后该班员绩效考核大有提高，在2018年、2019年连续两年被评为优秀员工。

三、工作成效

（一）党建工作上了新台阶，成为南网标杆党支部

通过实施党建工作“七步法”，充分发挥了党支部的战斗堡垒作用和党员的先锋模范作用，不断改进工作作风，带领全体员工攻坚克难、勇挑重担、奋斗有为，党员干部合格率100%，群众评议优秀率100%，得到了上级的认可，七堡供电所党支部先后被评为南方电网公司“标杆党支部”、广东电网公司先进基层党组织等，为其他小型供电所标准化建设提

供了一个可供参考的范本。

（二）供电服务上了新水平，成为中国最美供电所

通过实施党建工作“七步法”，深化党建与业务的融合，七堡供电所各项工作稳步向前，实现多年安全生产零事故和客户服务零投诉，顺利完成李锦记、无限极等企业大型光伏发电项目，2016年被评为“中国最美供电所”。2015—2022年，该所新建了新会区首座具备“三遥”控制及环网功能的10千伏开关站，用电报装容量由4371千伏安增加到8833千伏安，售电量增加到2.04亿千瓦时，成绩斐然。

四、经验启示

（一）创新党建工作方法要与基层实际结合起来

创新党建工作方法要紧紧围绕基层生产建设、经营管理的实际，以夯实党建基础、提高党建水平为目标，不断创新党建工作方法与载体，丰富活动内容，注重总结推广典型经验，做到具体化、本地化、标准化，不摆花架子，不做表面文章，不搞空对空，这样才能锻炼组织、发挥作用、体现价值，真正体现实效性。

（二）创新党建工作方法要与供电服务结合起来

创新党建工作方法要结合基层具体工作来开展，与解决实际问题相结合，避免出现就党建抓党建，党建工作与实际工作相脱离的“两张皮”现象。作为基层供电所，要把优化用电环境、促进当地经济发展作为重点，加强电力行业作风建设，找准为地方、为客户服务的结合点。在制定优质服务措施上要贴近客户实际，从解决热点问题入手，不能只是写在纸上、宣传在嘴上、挂在墙上，而是要真正落实到行动上。

（撰稿：苏悦欣、梁嘉淇）

抓党建促服务　提升客户满意度

2019年以来，蓬江供电局供电服务中心党支部坚持以客户为中心，通过设立党员服务责任区及党员示范岗、开展提高客户满意度专项行动、实施“网格化＋专业化”管理、主动接受监督加强行风建设、深化“心灯”志愿者活动、利用主题党日活动开展“回头看”等方法和载体，有效激发了员工队伍活力，客户满意度大幅提升，供电服务创出历史最好成绩。

一、实施背景

2019年以来，根据中国南方电网公司的决策部署，结合当前供电服务工作面临的新形势、新要求，广东电网公司坚持以客户为中心，积极推进现代供电服务体系建设，着力解决群众最关心、最直接、最现实的问题，为用户提供可靠、便捷、高效、智慧的新型供电服务，助力企业战略转型。

为此，蓬江供电局供电服务中心党支部坚持以党建为引领，发挥党支部战斗堡垒作用及党员先锋模范作用，聚焦客户需求，主动作为，以改进客户服务体验为导向，以减少营销领域客户投诉工单为目标，开展“我为群众办实事”专题实践活动，转变服务态度，提升服务品质，不断优化电力营商环境，满足人民群众的用电需求。

二、主要做法

（一）设立党员服务责任区及党员示范岗

首先是按业务领域进行分工，划分成抄核收管理、业扩管理、计量管理、客服管理、停电管理等五个党员责任区，明确责任区内每个党员干部、管理人员、班长组队的职责，根据年度目标，将客户投诉考核落实到个人，贯穿到日常工作中。同时设立党员示范岗，公开承诺，要求做到有责客户投诉率不超过万分之一。其次是定期梳理客户投诉处理及回访情况，每月开展客户诉求工单分析，梳理“客户服务清单”，下发到各党员责任区、班组岗位，纳入日常营销管理工作，避免出现客户重复投诉现象。制定党员先进性行为标准，将党员先进性纳入绩效考核，定期评选党员示范岗，有效利用激励和惩罚机制，激发党员在开展客户服务工作过程中有作为、敢担当，并通过“1+N”党员带群众模式，以点带面、以面带全，让党员积极在班组中发挥示范作用。

● 2020年4月，蓬江供电局供电服务中心员工现场勘查抗疫防护服材料生产厂家，为其办理增容用电

（二）开展提高客户满意度专项行动

深入调查研究，在完成对全区36.4万户客户走访沟通，以及对15 881户工业用户和26 406户商业客户的满意度调查的基础上，认真分析客户提出的意见和建议，梳理出客户白名单。然后结合党支部组织生活会上查摆的各类问题，紧扣年度目标和任务，制定提高客户满意度专项行动方案，分解全年12398、12345、95598投诉工单考核指标，实施客户服务及诉求管理责任承包制，进一步完善客户诉求响应机制，将客户服务目标、责任分解量化，明确各业务领域、党员责任区、班组岗位的工作任务、工作措施、具体负责人、处理时限及考核要求，明确整治重点与任务安排，跟进监督各项任务落细、职责落实，防止“上热中温下冷”，坚决纠治走形式、做样子、打折扣、搞变通，以及不作为、慢作为、乱作为等形式主义、官僚主义问题，确保专项整治见实效。

（三）实施“网格化＋专业化”管理

按照“统一服务、统一运维”的工作思路，以“一口对外，内转外不转”为原则，优化服务环节，打破生产与营销的专业壁垒，强化营配业务融合，减少交叉衔接环节，实行“网格经理+设备主人”的高效服务机制，在全局大力推行各片区服务热线，将客户诉求引导至网格经理处，直接沟通处理，快速解决客户各类诉求，实现客户用电需求快速响应，从而进一步优化客户体验，提升客户满意度。同时加强各类业务技能培训工作。例如2019年，由业务娴熟、经验丰富的党员骨干担任讲师，应用典型案例，有针对性地开展4场20个课时的客服礼仪、应答技巧等专题培训，提高营业厅从业人员客户服务质量和水平。

（四）主动接受监督，加强行风建设

进一步加强行风建设，长期聘请社会监督员3名，主动接受社会监督。每季度对系统行风进行一次测评，认真听取社会各界对本系统行风的意见和建议，及时发现存在问题和不足，并认真进行整改，特别是对于来信来访，坚持有诉必查、有查必纠，按照“三不放过”的原则，层层追究责任，做到条条有记录、条条有落实、条条有答复，不断改进工作方式方法，提高服务质量。结合纪律教育月、“扫雷”行动大讨论等活动，运用“四种形态”谈心谈话方式方法，加强党员、关键岗位员工廉洁纪律意识教育，确保员工在开展各项营销服务过程中行为合法合规，守住廉洁底线。

（五）深化“心灯”志愿者活动

坚持“为客户创造价值”的服务理念和“奉献、友爱、互助、进步”志愿服务精神，开展“心灯”志愿者活动，要求党员率先垂范，共有党员78人次参与其中，利用业余时间带领员工进工厂、进学校、进街道、进小区、进乡村等开展电力业务宣传活动，面对面地解答和回应用户提出的供用电方面的问题和要求，并有针对性地采取措施，千方百计为客户排忧解难。对有特殊疾病或者行动不便的客户，制定个性化服务计划与措施，提

● 蓬江供电局供电服务中心“心灯”志愿者走进学校宣讲安全用电

供上门免费检查室内线路、排查用电隐患等便民服务，进一步提升客户的用电获得感。充分利用广播电视、服务热线、微信平台、客户座谈、专题讲座等各种形式、媒介和载体，广泛宣传最新电力政策、电价调整、业扩报装、用电缴费、安全用电知识等，以加强供用电双方沟通互动，增进互信，提升企业亲和力。

（六）利用主题党日活动开展“回头看”

每季度以主题党日活动形式召开支部组织生活会，对五个党员责任区和党员示范岗工作情况开展“回头看”，对季度性项目、党员责任区、党员示范岗和绩效合约完成情况进行“复盘”，深入查找和分析其工作不到位的各类问题及其原因，提出有针对性的整改措施和意见建议，帮助党员转变作风，查缺补漏，取长补短，及时纠正，履职尽责。在党员之间开展批评与自我批评，认真查摆在客户服务、责任担当等方面不严不实的问题，做到“红脸出汗”，及时督查、提醒和警示。要求发生有责投诉工单、本季度先进性考核评分为0分的党员在会上进行检讨反省，制定整改措施并予以落实。事后，支部书记注意做好思想工作，开展谈心谈话，理顺情绪，调整心态，纾解压力，更好地处理问题。同时对投诉率低、处理技巧突出、客户评价优秀的党员责任区和党员示范岗进行表彰奖励，并及时总结经验，分享交流与推广。

三、工作成效

（一）支部履责担当，供电服务创出历史最好成绩

供电服务中心党支部围绕创一流指标短板，进一步统一思想行动，明确责任目标，不断完善营销业务管理机制，更加注重需求侧管理，通过实施“减少营销领域客户投诉，提升客户满意度”等一揽子服务举措，打通供电服务的“最后一公里”，将解决客户诉求阵地前移，做到了环节少、时间短、造价低、服务优，极大地提升了客户服务体验感，优化了营商环境。2019年，该服务中心12398能源监管热线投诉维持0宗，有责投诉工单同比减少8%，实现了第三方客户满意度调查从2017年的83分提升至2019年的88分，排名跃居江门第一。

（二）党员示范引领，员工队伍活力得到有效激发

面对新形势、新任务，供电服务中心党支部始终坚持“以客户为中心”的理念，通过加强组织建设，规范党员管理，划分党员责任区、设立党员示范岗，广大党员的组织意识、身份意识显著增强，极大提升了党支部的组织力、凝聚力、战斗力。近几年来，每当强台风袭击、供电告急之时，广大供电服务员工坚持“缺电不缺服务、限电不限真情”，积极参与抗风救灾抢修工作，以最快的速度恢复供电；主动了解企业诉求，分级分层落实好有序用电方案，努力将缺电的影响降到最低，确保了民生用电，先后涌现出诸巧敏、骆宗彪、赵汝棠等一批供电服务员工先进典型，形成了比担当、比作风、比实绩、比奉献，人人争当电网先锋的生动局面。

四、经验启示

（一）只有坚持党建引领，方能激发内生动力

党的基层组织是党全部工作和战斗力的基础，党的建设根基在基层、重心在基层、活力在基层。必须坚持党建引领，牢固树立大抓基层大抓支部的鲜明导向，切实抓牢基层党组织建设和党员职工教育管理这一根本，只有发挥党的先进性，勇挑重担、迎难而上，使每一名党员都成为一面鲜红的旗帜，每个支部都成为党旗高高飘扬的战斗堡垒，党组织才能释放出强大的感召力和凝聚力，团结带领广大员工攻坚克难，获得群众的信赖，让“人民电业为人民”的“金色名片”熠熠生辉。

（二）只有坚持融入融合，方能实现双促双提

党建与业务是相互依托、相互促进的关系，犹如车之两轮、鸟之两翼，只有同频共振、同向发力，才能最大限度地发挥效能。必须坚持围绕中心抓党建、抓好党建促业务，聚焦提升服务质量、优化营商环境等中心工作，找准党建与业务工作的结合点，一起谋划、一起部署、一起落实、一起检查，做到工作目标同向、部署同步、工作同力。要组织基层党支部积极落实“党建+”工程，把党的政治优势、组织优势和群众工作优势，有效转化为企业创新优势和发展优势，以高质量党建引领高质量发展，使二者在融合发展中相互促进。

（撰稿：梁嘉淇、张颖欣）

实施党群“1+1” 创建星级标杆供电所

党的十九大以来，开平百合供电所党支部眼睛向内，针对星级标杆建设的问题与不足，自我加压，主动思考，聚焦难题找准切入点；党员干部率先示范，立足岗位找准发力点；同时采取“三同”措施，结合业务找准融合点，开展党群“1+1”行动，奋起直追，迅速补齐了业务短板，强化管理，关键指标得到了大幅提升，供电服务质量上了新台阶。

一、实施背景

新时期党群建设，要实现创先争优式发展，必须坚持党建带群建的思路，确立党建带动战略，给群建发展带来旺盛的活力。把党群共建纳入党组织建设总体规划，形成党建与群建互帮互助、良性互动、共同发展的机制。创先争优活动能有效地发挥党建带工建、团建的积极性和主动性，充分体现党建的关键作用，关键就在认识的提高和对工团建设的更加重视，实现抓党建促群建，为群团发展创造有利的环境，提供有力的支持，进而有效促动整体工作全盘发展。

2017年，在江门供电局供电所星级标杆建设评价中，开平百合供电所的13项指标总得分为60.56分，在全区69个供电所中排名第66名，成绩倒数。对此，百合供电所党支部通过党群“1+1”（即1名党员+1名群众结对帮扶）责任制，探索形成了党员发挥先锋作用带动群众干事创业的合力机制。聚焦中压线路故障率这个“短板”，支部党员走在前，找“黑点”，细管控；党员群众同分享、同研讨、同考核，激发群众积极性，以党建为引领，破解业务难题；同时，提升了支部凝聚力，促进供电服务更优质高效。

二、主要做法

（一）支部主动引领，聚焦难题找准切入点

党员群众结对子双方通过宣言的签署，更加明确了彼此的任务和责任，并表示将会根据宣言内容，详细安排活动计划，从思想、工作、学习、生活等各方面加强沟通，增进联系，共促发展。为促进指标提升，百合供电所党支部召开专题组织生活会，认真查摆存在的问题与不足，全面分析创建星级班站所得分排名靠后的原因，从业务指标到思想根源均做了深刻的剖析，全体党员在“红脸出汗”中找出问题的根源。通过研讨确定中压线路故障率为关键指标——它对中压线路故障平均复电时间、故障缺陷比、客户平均停电时间、客户投诉率等指标均有较大影响。为此，百合

供电所党支部将这一业务难题作为党建课题，将“大幅降低中压线路故障率，以点带面全面提升星级指标”作为年度书记项目，由支部书记带头发出号召，动员全体党员带领员工积极参与。实施党群“1+1”责任制，制定详细计划，借助双方资源，加强沟通联系，相互促进。每条中压线路均由一党员、一群众挂点，负责月度分析、巡视维护和总结改善，动态完善针对性解决措施及方法。通过支部引领、党员先行，团结带领员工积极落实各项管控措施，协作共进向目标发力。

（二）党员率先示范，立足岗位找准发力点

在党群“1+1”责任制中，充分发挥支部书记的“主心骨”作用，统筹推进各项措施落地，并在推进过程中深化党建载体应用，把党员群众凝聚到同一目标上来，集中力量解决业务难题，进一步扩大党群“1+1”责任制的良好效应。针对百合镇农网出现的各种安全生产问题，全体党员带头主动分析故障原因，对各自负责的线路“责任田”重新“开荒”，发挥个人特长，建立“黑点”清单，细化管控措施，并带动群众推进落实。营配综合班的班长、党员何南生，是南方电网公司二星级工作室——“何南生专家工作室”的领头人，他充分发挥技术特长，带领党员群众对所属的7条10千伏线路设备进行充分现场摸查，掌握所有线路现状及薄弱环节，并结合人员技能水平布置线路运维分工；党员技能专家黄德和，将其负责的10千伏蒲桥线主要影响因素确定为树障，带领群众制定树障“黑点”和“阻扰类客户”清单，亲自上门逐一走访阻挠清障的客户，动之以情，晓之以理，一一做通客户的思想工作，保障清障工作如期开展，共清理了5个“黑点”的500多棵树障，实现了蒲桥线每年跳闸不大于1次的目标；党员关霭雄，将其负责的10千伏茅冈线的主要影响因素确定为设备残旧和雷击，通过现场勘查、精细巡视和主动协调等方式，安装4套自动化开关并更换硅胶类设备，实现了10千伏茅冈线零跳闸的目标。全体党员充分发挥先锋模范作用，让群众员工在党群“1+1”责任制下，热情参与到关键指标提升的工作中，同心协力齐抓任务落实，保障了各项管控措施的有效实施。

● 2021年4月，百合供电所党支部成立春耕服务队，跟进抽水排灌用电问题

（三）实施“三同”措施，结合业务找准融合点

百合供电所党支部运用有效载体，掌握工作重点，抓住关键环节，健全运行机制，有序推进党群“1+1”责任制落地落实。一是同分享，促提升。在开展主题党日活动时，党支部主动邀请群众共同参与，每月开展一次分析、一次回顾和一次分享，每个党群“1+1”小组互相学习，通过经验分享促进共同提升，不断改善支部内部横向沟通。二是同研讨，共改进。基于关键指标优化党员责任区，多次邀请生产计划部党支部到设备现场开展支部联建，党员群众围绕“如何进一步降低中压线路故障率”分享心得体会，共同商讨运维策略，听取专业管理意见，取长补短，适时调整运维工作重心，改善工作措施。三是同考核，激活力。一方面，结合党员实际工作岗位编制党员业务挂钩的一览表，每季度滚动修编党员先进性行为标准，并将要求一一量化为考核指标纳入先进性考核，对党员提出了明确具体的要求，落实“一岗位一标准”，强化支部对党员的管理。另一方面，优化月度考核方式，对员工的考核以供电所星级标杆建设13项指标的细化

内容为主，并强化考核结果应用，严格推行奖罚制度，以绩效考核提高员工积极性。

三、工作成效

（一）迅速补齐了业务短板，关键指标大幅提升

百合供电所党支部在党建引领业务上一直大胆创新、摸索前行，特别是在创建星级供电所工作过程中，不断思考党建工作如何融入其中更好地发挥作用，并在中压线路故障率指标的提升工作中进行实践验证。通过组织生活会分析指标短板，查找重点和难点；通过书记项目立项，以中压线路故障率指标为关键突破口；实施党群“1+1”责任制，党员带领群众共同围绕支部年度重点工作发力。经过党员群众共同努力，百合供电所中压线路故障率指标连续两年实现大幅度下降，2019年降低至0次/年·百千米，同比降幅达到100%。突破关键指标带动13项星级指标得分不断提升，2019年星级标杆评价总得分为68.998分，同比提升0.871分，在江门全区排名第七。

（二）有效增强了党群合力，尽责担当氛围更浓

百合供电所党支部充分调动广大群众的积极性、主动性和创造性，引导党员群众立足本职岗位，以一流的态度、一流的技术、一流的作风、一流的业绩，为完成既定工作目标任务作贡献。通过实施党群“1+1”责任制，每条中压线路均由党员亲自“挂帅”，建立“黑点”清单、细化管控措施；工作中遇到难题时，党员冲锋在前，群众助推在后，以主动作为、群策群力的方式分析难点，解决难题。通过同分享、同研讨、同考核，提高党员的责任感和使命感，调动群众员工的积极性。党员切实履行责任，主动带领群众“啃硬骨头”，让他们充分感受到党员“敢担当敢作为、时刻冲在前”的精神，营造了内部团结的氛围，提升了支部集体执行力和凝聚力，激发了员工的工作积极性和创新力，进而带动整体工作又好又快地向前发展。

四、经验启示

（一）“推”要党群联动，集聚合力

实施党群“1+1”责任制，是改进作风的具体体现。要掌握工作重点，抓住关键环节，明确党组织书记为党建带群建工作的第一责任人，强化问题导向、目标导向、结果导向，做到思想上高度重视，组织上周密安排，工作上加强指导，统一部署、统一检查、统一考核，实现党建工作与群团组织工作在内容上的相互衔接、步骤上的相互协调、目标上的相互统一，形成合力。

（二）“建”要有的放矢，精准发力

实施党群“1+1”责任制，是联系群众的创新机制。要健全运行机制，扎实开展工作。要坚持一致性和多样性统一，找到最大公约数，画出最大同心圆，进一步加强党群组织的班子、阵地、活动、制度和保障的规范化建设，强化组织功能。要与履行岗位职责、亮诺践诺、完成既定工作目标任务紧密结合起来，充分发挥党工团组织联系群众的桥梁纽带作用，通过党群“一带一”或“一带N”结对模式，相互促进，形成“比学赶帮超”的良好氛围。

（三）“创”要多措并举，增强活力

实施党群“1+1”责任制，是党建带群建的有效措施。要以客户满意为最高标准，要拓宽渠道，积极搭建好、运用好各种具有思政教育、学习交流、工作实践、素质拓展等多种功能的平台和载体，以各类争先创优活动等为抓手，建立各类“党字号”“工字号”“青字号”示范点，千方百计多为客户办实事、做好事、解难事，增强党建带群建的工作活力。

（撰稿：温佳贤、谢锟）

聚合力　解难题　提质效

2017年以来，鹤山龙口供电所党支部持续夯实基层党建基础，提升党的建设质量，一是推进党建标准化，着力解决支部基础管理问题；二是力抓思想教育，着力解决党员身份意识问题；三是重视人文关怀，着力解决团队凝聚力问题；四是凸显党员先进性，着力解决党建与业务协同发展问题，把党建工作做到供电服务的难点上、作风建设的热点上。

一、实施背景

党的十九大以来，为持续夯实基层党建基础，提升党的建设质量，广东电网公司党委和江门供电局党委以习近平新时代中国特色社会主义思想为指导，连续三年部署开展了党支部基础建设年、巩固提升年、全面提升年等工作，要求直属各级党委立足自身业务，不断规范和加强基层党支部管理，切实提高党建工作科学化水平，团结和带领全体党员干部攻坚克难，助力企业实现高质量发展。

为此，根据鹤山供电局党委着力推进全面从严治党向基层延伸的工作部署，龙口供电所党支部以推进党建标准化建设为抓手，夯实支部的基础管理；以思想教育为着力点，强化党员身份意识的提升，进一步凸显党员的先进性要求；同时加强人文关怀，营造和谐稳定的环境，增强企业凝聚力。在此基础上，深化党建与业务的融合，强化供用电管理，推动农网改造升级、中心工作等关键指标的提升，逐步解决龙口镇电力发展“不平衡不充分”的问题。

二、主要做法

（一）推进党建标准化——解决支部基础管理问题

推进支部党建标准化建设。以推进党建基础管理考评为总抓手，使广东电网公司党支部标准化建设在基层落地。规范推进支部党建工作“三个六加一”（月度、季度、年度分别要做的6个规定动作，加每隔三年1次的支部换届选举），有效实现支部党建工作可视化和规范化管理。支部按期执行“每月常规工作”项目和“定期专项工作”项目。比如每月支委会、主题党日、党费缴纳、走传谈，每季度的党员先进性指标纳入绩效评价。开展专题组织生活会，每年开展民主评议党员活动，每2至3年开展换届选举工作，并进行A、B、C三个等级的自我评价和公示，接受群众监督。承接广东电网公司党员开展“三亮三比三评”（亮身份、亮标准、亮承诺；比技能、比作风、比业绩；领导点评、党员互评、群众评议）活动要求，支部开展了“一看就是党员”活动，将党员先进性指标纳入员工绩效管理，通过定期学习理论、加强过程检查、帮扶困难群众、全面公开承诺等形式，引导党员强化身份意识。

建立支部廉洁风险防控体系。落实鹤山供电局党委分岗查险、分险设防、分权制衡、分级预警、分层问责“五位合一”廉政风险管控的工作思路，促进党风廉政建设“一岗双责”有效落地。一是加强廉洁教育，每年第一季度、第三季度分别组织开展“四种形态”谈心谈话，支部书记约谈关键岗位人员，及时掌握员工思想动态，向员工面对面宣传反腐倡廉政策法规。二是大力建设廉洁营业厅，设立“廉洁公布栏”，内外联手共建社会监督网。三是开展廉政文化进班组活动，结合各关键岗位的全年廉洁风险内容和每月风险提示，分析可能存在的廉洁风险，督促具体岗位人员按照风险等级提前制定和落实防控措施，使廉洁风险管理更有针对性。

（二）力抓思想教育——解决党员身份意识问题

以学促做，推进学习教育常态化、制度化，坚持党员“学”与“做”的有机结合。一是创新方法，“学”出效果。采用一月一讲、一季一议、全年一评的学习模式，落实党支部主题党日活动计划，支部的党内政治生活更加严格，“四个意识”显著增强。通过探索实践“3+N”的支部差异化政治学习模式，党员学习更具活力和实效。推进主题党日学习计划，结合阶段性重点工作，组织开展“讲好党员身边的故事”“七个反思”专题组织生活会等主题党日活动。如针对12398投诉较多问题，支部开展“党员走在前——优质服务我带头”主题党日活动，实现12398转办投诉次数为0，成效明显。支部还积极实践“第一种形态”，创新开展“红脸出汗”案例学习，结合主营业务案例开展对照反思。如每期就安全学习案例，组织党员开展反思剖析，提升安全意识，推动安全指标的持续提升。二是融入中心，“做”出成效。打造党性锻炼、创先争优、品德修炼三个平台，坚持以正在做的事情为中心，把业务难题作为党建课题，先后开展了“保供电，党员走在前”“我在安全生产中发挥了什么作用”等专题组织生活会，不断增强党员的党性意识和先进性。例如针对四堡新村的低电压情况，以“四堡新村的低电压整改工作”为主题召开专题组织生活会，查找解决党员在业务中暴露出来的思想、作风、纪律问题，并抓好整改落实。经过努力，不仅彻底解决了困扰村民们的低电压问题，还改善了村容村貌。

传承红色基因，厚植南网文化理念。坚持把党员思想教育工作融入中心，使其发挥作用。一是多载体多形式学习宣贯。推动南网企业文化理念与员工岗位行为的无缝对接、深度融合，使其成为基层员工的思维方式和行为习惯。二是多维度开展“红色文化传播”活动，多种形式开展党的十九大精神学习活动。2017年以来先后组织参观龙口镇粉洞知青场、金岗战斗烈士纪念碑、青文红旗渠等红色文化教育基地，让支部党员感受到身边的红色文化。三是树立先进典型，弘扬正能量。组织开展“争当好书记”“党员示范岗”等系列评选活动，激励全体党员从“合格党员”向“优秀党员”的目标努力，成功营造出创先争优的气氛。拍摄了“身边的榜样”创先纪实视频，通过楼宇电视和微信平台等进行宣传。“明星电费回收员”黄国流的故事街知巷闻，引来了社会媒体的关注报道。鹤山龙口供电所先后有2人获评江门供电局优秀共产党员。四是结合地方文化特色，结合自身实际，提炼出“四色”（红：精诚团结、众心所向；黄：厚积薄发、薪火相传；绿：资源节约、和谐发展；蓝：恪尽职守、精益求精）班组文化，得到了员工的广泛认同，助推星级供电所建设。

进一步提高党员的身份意识，形成“令行禁止、严勤细实”的工作作风。要求每一名党员干部除了牢记自己的行政职务以外，更要牢记自己的党员身份，严于律己，率先示范。每季度开展自查自纠，深入细致地查找自己在学习态度、工作方法、管理工作及执行力度等方面存在的问题，并提出切实可行的整改措施，切实转变作风，提高工作效率，从而达到自我净化、自我革新。通过严格党内政治生活、对工作失职追责问责等举措，从细节抓起，从规范做起，强化政治纪律和组织纪律，带动廉洁纪律、群众纪律、工作纪律、生活纪律严起来。

（三）重视人文关怀——解决团队凝聚力问题

对内，开展“暖心工程”，维护队伍和谐稳定。开展“走传谈”活动，从员工思想、工作和生活需求入手，积极推进“暖心工程”建设。一是做好思想引导，面对面向一线员工宣传薪酬政策，激励员工爱岗敬业，培育“靠实干、讲实绩”、个人与企业和谐发展的价值导向。二是做细工作指引，主动为员工提供项目管理、客户服务、电费回收等方面的指导意见，并现场解决实际问题。三是做准困难帮助。在多经企业的持股改革、重大保供电任务、抗击台风抢修复电等工作过程中，以“书记家访”的形式，深入一线员工、困难员工家中，倾听员工心声，采取措施为其排忧解难。四是做优职工小家，组织开展“寻找最美笑容”“幸福瞬间”评选等职工喜闻乐见的活动，深化“快乐1+”班组文化，通过实施职工“工余乐”积分激励机制，开展群众性的创新创效工余乐活动。五是做实班组建设。着力推进标杆供电所和星级班组建设，从软硬件方面改善供电所工作条件与环境，全方位提升管理水平和工作业绩。

● 2021年11月，鹤山龙口供电所青年员工在党建书屋学习

对外，组织党员义工队为群众做好服务。成立“心灯”党员义工服务队，用实际行动体现出“有困难，找党员”的责任担当，在各村委会积累了良好的口碑。一是服务范围广泛。义工服务队经常到各村委会了解困难党员、群众的情况，一起出钱出力，为其提供用电检查、更换电线等义工服务，有些村委会甚至会主动代表村民请求帮助。二是服务出实效。2020—2021年，义工服务队先后10余次切实解决群众迫切需要处理的问题。如自筹500多元善款，帮助中七龙田村黄庆仪和三凤逢贵村李朝彬安装室内开关线盒和线路共约60多米；春节前走访慰问中七李朝森、三凤李景林等困难党员；中秋前与沙坪供电所员工一起到沙云村委会沙洞村慰问困难家庭。三是服务显责任。义工服务队先后承担了“龙口牛肉美食节”、中考、大型晚会、重大节日的保供电任务。每月定期开展“安全生产”宣传活动，主动深入工业区宣传和普及安全用电、节能用电常识，2020年开展志愿服务活动11次，走进企业指导节能减排5次，走进农村进行用电宣传11次，受到龙口镇政府和上级部门、群众的肯定。

（四）凸显党员先进性——解决党建与业务协同发展问题

把业务难题作为党建课题来抓，促进“双融合”。围绕中心工作，解工作难题，送优质服务。一是通过支部“三联建”助推规划建设顺利实施，党员牵头规划线路改造，支持地方建设。例如与三凤村党支部联建，对该地部分自然村存在末端电压偏低的问题，对症下药制定方案立项整改。优质的服务换来的是三凤村委会的大力支持，面对电力线路规划和建设涉及的复杂民事问题，三凤村委会帮助做好村民的思想工作，使线路选择、青苗赔偿等工作如鱼得水，进展顺利。二是“党员走在前”促进营销服务再上新台阶，党员深入各村委会，推广预付费装置，防范电费回收风险。针对龙口不少村委会的生产用地租借给外地人后，容易在其倒闭后逃跑收不到租金，还得垫付电费的情况，支部组织营销人员梳理出欠费风险较大的用户，与各村委会开展支部联建，建议村委会为其安装预付费装置，并得到村委会的称赞和支持。这样既减轻了供电所的电费回收压力，也保障了村委会的利益，一举两得。三是“群众护线”加强配网运维，开展群众护线，保障安全用电。支部借助“三联建”活动平台，聘请荣誉护线员，开展群众护线工作。对荣誉护线员在龙口供电所进行线路维护改造工作、安全用电知识及法律法规宣传等方面予以大力支持，有效缓解了运行人员的运维压力，增强了村民的安全用电意识。

以书记项目为抓手，解决农村用电质量不高的问题。立足基层实际，以推进书记项目为抓手，着重抓好项目申报、实施、总结、展示和推优这几个环节，重点解决群众反映强烈的问题。近几年，通过实施“四堡新村的低电压整改工作”“攻坚青文村委会深尾坑片区低电压问题”“提高20号专变电费回收率”等书记项目，并运用支部三联建、群众路线行动法等一系列党建工具，充分发挥党员示范带头作用，采取有效措施，彻底解决了困扰村民们的低电压问题。

三、工作成效

（一）基层党支部建设全面提升

通过努力，龙口供电所党支部实现了可视化和规范化管理，基础更加扎实。党建与业务工作进一步融合，党的先进性作用进一步彰显，“从严动真”总要求和精益管理理念贯穿全所上下，“把党建工作作为供电所最重要的工作来抓”“把难题交给支部解，把困难交给党员干”的思想成为广泛共识，支部自主管理水平逐年提升。打造了一支政治过硬、业务精通的党员干部队伍，党员身份意识进一步增强，“一看就是党员”成为该所党员的行动准则，团队氛围日趋浓厚。近年来，龙口供电所先后获得了江门供电局标杆党支部、广东电网公司先进基层党组织等集体荣誉。精神文明建设和企业文化建没也上了新台阶，继2016年获评鹤山市标兵文明单位后，又先后获得了江门供电局2021年度优秀集体、江门供电局2021年“工人先锋号”、南方电网公司四星级模范职工小家称号。

● 2022年12月，鹤山龙口供电所员工在焦坑村更换公用配变

（二）供用电业务发展成效显著

得益于一直以来打下的坚实基础，同时经过近年来创建“全国最好、世界一流”供电企业的进一步磨砺，在支部的组织引领和党员的率先示范下，全体员工团结一心、规范运作，龙口供电所日常业务管理更加规范，员工的精神面貌焕然一新，解决了青赔难题，推动了中心工作指标的提升。根据江门供电局公布的供电所13个星级评价指标的完成情况，该所在全区的排名由2019年的第65名跃升至2020年的第48名，再到2021年的第8名，在鹤山供电局排名第一，取得了明显的进步，2020至2022年未出现12398有责投诉，电费回收率达到了100%。

四、经验启示

（一）发挥好党支部书记的带头作用很重要

供电所负责人一方面是所长，另一方面也是党支部书记，是供电所和支部工作的“领头羊”。作风正派、务实能干，与员工同甘共苦的所长，更能带好团队、做好工作。支部书记的身份意识很重要，因此，我们要在选派作风正、能力强、有担当的支部书记队伍方面下功夫，持续提升支部书记的综合能力，力求做到抓好一个、带动一片。

（二）抓思想、带队伍要更加注重人文关怀

供电所员工工作与生活条件相对艰苦，容易出现思想波动，我们要更加注重从完善机制、人文关怀入手，为供电所营造和谐发展的氛围，尽力消除一线员工的后顾之忧。坚持将抓党建和带队伍融合起来，形成正确的目标导向和效果导向，把员工干事创业的精气神提起来，为推动企业和服务地方持续发展提供坚强保障。

（三）党建工作要与业务工作相融相促

支部建设永远在路上，把与业务中心工作深度融合作为提高党建质量的切入点和着力点，以业务成绩体现党建成效。在党的十九大、二十大精神的指引下，龙口供电所党支部围绕“把满足龙口人民追求美好生活的电力需要，作为一切工作的出发点和落脚点”，抓领先、补短板、强基础，促进了党建与业务“相融相促”，实现了党建与业务齐头并进。

（撰稿：胡远根、冯晓强）

深化川岛党建　打造坚强堡垒

党的十八大以来，台山下川供电所党支部围绕海岛的供电服务工作，因地制宜地开展党建工作，通过打造党建“向心岛”，凝聚人心；打造党建“安全岛”，筑牢防线；打造党建“先锋岛”，激发活力，把党支部建设成为团结群众的核心、教育党员的学校、攻坚克难的堡垒，充分发挥了党的先进性，有力推动了基层党建与业务相融相促双提升。

一、实施背景

为抓好企业基层党建工作，党的十八大以来，中国南方电网公司党组就加强和改进基层党支部建设提出一系列的决策部署和工作安排，要求各单位进一步夯实党建基础，推动党建工作与改革发展生产经营深度融合，充分发挥党支部战斗堡垒作用、党员先锋模范作用。自2018年起，广东电网公司连续三年开展“党支部建设年”活动，力争把党支部建设成为团结群众的核心、教育党员的学校、攻坚克难的堡垒，让党员在基层工作中唱主角、打头阵、挑大梁。

川岛镇位于江门台山南部碧波荡漾的南海之中，由上川岛、下川岛组成，总面积254.3平方公里，人口约3.46万人。下川供电所党支部准确把握电力改革、经济发展的新形势、新要求、新机遇，围绕海岛的供电服务工作，与解决实际问题相结合，因地制宜地开展党建工作，进一步创新工作载体，丰富活动内容，促进党建与业务的融合，着力将政治优势转化为发展优势，引领海岛供电所各项业务持续提升、工作健康蓬勃发展。

二、主要做法

（一）打造党建“向心岛”，凝聚人心

用好党建“四法一平台”。在全局推广应用党建工作督查挂旗组织生活法、群众路线谈心法、群众路线行动法、党建成效评价法以及智慧党建App平台，同时用好《江门供电局党支部党建基础管理评价标准表》，抓好党支部日常管理的规范化、标准化、智能化工作，提升基层党建工作的效率和质量。

“线上+线下”开展党建活动。针对海岛环境闭塞和缺乏学习资源等问题，创新党支部组织生活的形式及主题。在“线上”，主要依托“学习强国”、微信公众号等平台，抓好政治理论学习，增强“四个意识”，坚定“四个自信”。在“线下”，则通过“三会一课”“走传谈”等来开展党建活动，集思广益推动工作落实。

● 2021年6月，台山下川供电所员工在深山密林中巡视线路

创建一支“四优”党员队伍。以“政治素质优、岗位技能优、工作业绩优、群众评价优”为标准，通过开展“支部难题找党员”“一党员一专长”等特色活动，深化“双培养一输送”，着力提升党员整体能力素质，将占全所70%人数的党员队伍打造成为“召之即来，来之能战，战则能胜”的电力新军。此外，通过党群结对“一带一”的方式，从解决员工的思想问题和实际困难入手，调动员工干事创业的积极性和创造性。

（二）打造党建“安全岛”，筑牢防线

压实安全生产“一岗双责”。严格贯彻落实广东电网公司“从严治安20条举措”，积极履行安全生产“一岗双责”，把抓好安全生产作为支部的重点工作，增强安全生产意识和风险辨识能力，常态化开展专题研究，明确安全风险点，严格组织开展各项安全生产督查和日常安全检查，不断强化安全管理，努力消除各类安全隐患，守住安全生产这条生命线。

实施党建治违。将事故事件违章案例、安全管理要求等纳入党支部重

要议事日程，开展党员无违章、党员身边无违章活动，结合创建党员安全责任区、安全示范岗，以点带面引领党员做到“三无三不三带头”，在全所形成“抓安全、讲安全、保安全”的工作氛围。

守牢廉洁“三个关口”。严格贯彻落实广东电网公司关于《进一步筑牢党支部廉洁防线指导意见》，针对关键岗位，常态化开展“第一种形态谈话”、“标前谈”、日常监督等工作，实现防范关口前移。针对关键节点，开展业务风险库修编等多种形式的廉洁教育工作，引导全体党员做到“一清二明三思”。针对关键人员，积极做好“八小时内外”的教育、提醒，督促员工履职尽责、严守纪律，筑牢拒腐防变的廉洁思想底线。

（三）打造党建“先锋岛”，激发活力

促进“双向融合”。“火车跑得快，全靠车头带”，下川供电所党支部把提高供电服务水平、优化营商环境、促进海岛发展作为重点，不断推动党建与业务深度融合，把难题交给支部解，把重任交给党员挑，加强行业作风建设，利用组织生活会、主题党日、党员大会等，找准为客户服务的结合点，充分发挥党支部战斗堡垒作用和党员先锋模范作用。

开展“支部联建”。为更好地与海岛军民交朋友，为其解难题，通过支部联建的方式，加强与川岛驻军、镇委及各乡村党支部政协调联动，资源共享、责任同担，着力解决供电业务的难点、痛点，开展共建活动，千方百计满足军民用电需求。

抓好“书记项目”。坚持以项目化思维抓基层党建工作，按照“小切口、有难度、可操作、作示范”的原则，深入调研、准确把脉，选好项目、精耕细作。支部每年将供电服务工作中的难点、痛点问题，纳入“书记项目”，制定具体的实施方案，细化目标任务，明确推进措施，列出“时间表”，绘出“路线图”，制定具体的实施措施，对书记推进项目情况进行月点评、季小评、年总评，并进行量化考评，重点检查是否达到了立项时确定的目标，确保“书记项目”取得实效，示范带动党支部工作提质增效。

● 2019年5月，台山下川供电所员工慰问岛上困难居民

三、工作成效

（一）有效提升了基层党支部的组织力与战斗力

下川供电所党支部结合海岛的地理和业务特殊性，围绕“夯实基础、筑牢防线、促进融合、发挥作用”等目标，不断加强党的建设，强化了党支部政治功能，提升了党支部的组织力和战斗力，使之成为团结群众的核心、教育党员的学校、攻坚克难的堡垒，以优良的作风、优异的成绩、优质的工作得到了组织和岛上军民的认可，被评为“中国最美金牌供电所”，并先后获得广东电网公司先进基层党组织、标杆党支部、四星级班站所等多项荣誉。

（二）有力推动了基层党建与业务的“双向融合”

推动党支部建设与企业中心工作深度融合是高质量党建的重要要求，下川供电所党支部成功将党建优势转化为推动供电所业务高质量发展的优势，打造了一个牢固可靠的海岛电网，提供了让全体岛民满意的供电服务。近年来，下川供电所以0跳闸的成绩成功应对“天鸽”“帕卡”“山竹”等多次强台风袭击，并取得连续12年零投诉的优异成绩。

四、经验启示

（一）要不断夯实党建基础，发挥党的先进性作用

基础不牢，地动山摇。组织建设是党的建设的重要基础，基层党组织是贯彻落实党中央决策部署的“最后一公里”。党建要做到强基固本，必须突出抓好基础导向，抓好短板弥补，探索创新党建工作方法，抓好党员的作用发挥，不断增强党支部的创造力、凝聚力和战斗力，促进党建工作与业务的深度融合，这样才能带领全体干部职工不断推进企业改革与发展。

（二）要深入践行企业宗旨，提升群众用电的获得感

要积极践行“人民电业为人民”的企业宗旨，密切联系群众，维护群众的正当权利。在深化“只跑一次”改革、优化业扩流程、简化办电手续、缩短办电时间、减少办电成本、提高办理透明度上下功夫、求突破、出实招、见实效，为人民群众排忧解难。常态化开展暖心活动，帮扶困难职工，积极参与志愿服务，为人民群众办实事、办好事，全方位提升人民群众用电获得感。

（三）要不断抓好作风建设，守牢安全廉洁防线

要始终绷紧安全生产这根弦，严抓作风建设，把安全责任不折不扣落实到位。各责任主体把该扛的责任扛起来，把该落实落细的措施落下去，做到守土有责、守土负责、守土尽责。要常态化组织开展党史党性党风党纪教育学习，增强党员纪律和规矩意识，增强党员廉洁从业意识，从严从实抓好党风廉政建设和反腐败重点问题治理，营造好风清气正、廉洁自律的生态环境。

（撰稿：冯佳伟、谢锟）

以“两带一深挖”擦亮“青”字招牌

党的十九大以来，台山四九供电所党支部高度重视做好新时代青年工作，不断创新工作的方式方法，通过“两带一深挖”——带思想建设，筑牢青年理想信念根基；带作用发挥，助推青年人才骨干成长；深挖攻关潜力，激发青年创新创效活力，促使团员青年队伍整体素质不断提升，成为供电服务的中坚力量，其创新创效成果在央视上展示推介。

一、实施背景

青年一代的理想信念、精神状态、综合素质，是一个国家发展活力的重要体现，也是一个国家核心竞争力的重要因素。青年一代有理想、有担当，国家就有前途，民族就有希望。这就决定了青年工作绝不是一般的工作，而是事关红色江山永不变色、党的事业薪火相传、中华民族永续发展的重大政治工作。党的二十大报告指出："全党要把青年工作作为战略性工作来抓，用党的科学理论武装青年，用党的初心使命感召青年，做青年朋友的知心人、青年工作的热心人、青年群众的引路人。"这为党建带团建做好青年工作指明了方向。

近几年来，台山四九供电所党支部根据广东电网公司和江门供电局关于加强党建带团建工作的决策部署，从"带思想建设""带作用发挥""深挖攻关潜力"三方面着手，全面加强青年工作，充分发挥青年在企业一线生产经营中的生力军作用，取得了显著成效，2021年，台山四九供电所被共青团中央授予第二十届全国青年文明号称号。

二、主要做法

（一）带思想建设，筑牢青年理想信念根基

抓理论学习强素质。四九供电所党支部紧跟时代要求，把习近平新时代中国特色社会主义思想作为青年培训的首要任务、理论教育的中心内容、培训项目的必修模块，综合运用集中轮训、专题研修、网络培训、论坛研讨等多种方式加强理论武装；把讲政治体现在学习、工作、生活的方方面面，融入到日常行为的点点滴滴，牢记使命，履职尽责。率先建成台山供电局首个党建书屋，为做好青年政治思想建设做好知识储备。团支部每月开展个性化主题团日活动，例如通过实景课堂等方式创新活动形式，想方设法提高活动成效，上好政治教育这堂必修课。

抓作风建设聚合力。结合作风建设专项整治，紧盯年度工作目标任

● 2021年9月，台山四九供电所青年员工开展党史学习活动

务，按照“严、细、实”的工作要求，要求每一位青年都要联系自身思想和工作实际，做到“五查五看”：一是查思想，看是否顾全大局、奋发进取；二是查学习，看是否掌握理论、熟悉业务；三是查工作，看是否饱满充实、真抓实干；四是查纪律，看是否遵守制度、令行禁止；五是查生活，看是否生活正派、情趣健康。同时进一步强化责任意识，制定整改措施，加强协调配合，认真加以整改，坚决防止和克服工作浮躁、作风懒散等不良风气。

（二）带作用发挥，助推青年人才骨干成长

抓岗位练兵，把青年培养成全能型人才。过硬的技能是青年发挥生力军作用的基础，四九供电所党支部对青年提出了更高的要求。以“交叉业务线”的模式组织开展技能培训，让营销业务线的青年也学配电，让配电业务线的青年也学营销，全方位培养青年技能，加快青年员工由作业员向“客户经理+设备主人”转型，成为具有较强综合能力、分析理解能力和创造能力的全面发展综合型人才。

在急难险重任务中让青年担当重任。青年不是温室中的花朵，只有经历实战的摸爬滚打，才能敢于接受狂风疾雨的洗礼。每年台风期间，四九供电所党支部党员都带领青年一同逆风而行，进入灾区全力抢修复电，在实战中磨练意志，彰显担当。在2020年疫情袭来的时候，党支部带领全体青年积极响应号召，在社区一线的疫情防控工作中奋战36天，值班时间长达470多个小时。

用榜样力量激发青年奋进动力。一位劳模就是一面旗帜，一个先进就是一个榜样。四九供电所党支部积极在青年中选树先进典型，开展月度、季度、年度青年“技能之星”“创新之星”“服务之星”评选，充分发挥榜样的引领作用，以“头雁”带“群雁”，以有形的正能量和鲜活的价值观感召、教育、激励青年员工，不断提升其业务技能素质及客户服务水平，调动其建功立业的积极性。

（三）深挖攻关潜力，激发青年创新创效活力

以“一青年一专长”为抓手，开发个人潜能。四九供电所党支部按照“一青年一专长”工作思路，认真分析全所青年的特点，例如有的青年创新意识强，有的青年技能水平扎实，有的青年文稿撰写能力强等，然后依据青年的条件、兴趣及潜力，制定了因材施教的培训计划，组织青年以无领导小组的方式轮流授课，积极参加各类技能竞赛，开发和激活其自身的潜能，力图使他们的一技之长得到进一步的提升与发挥。

推行“新老结对”互助，取长补短攻克技术难关。青年员工热情高，头脑灵活，但现场经验不足；老员工技能过硬，现场经验丰富，但对于新技术的敏锐性不足。鉴于此，四九供电党支部通过“新老结对”互帮模式，取长补短攻克技术难关。2019年以前，无人机在配网领域的应用还是摆在四九供电所面前的难题，该所党支部组织“结对小组”探索配网无人机新技术应用，新老员工互为老师，既推动青年在无人机应用领域发挥作用，又为青年积累现场经验，提高其独当一面的能力。随着“新老结对”模式的日渐成熟，党支部又将这种模式应用在创新工作上，党支部成立“青创部落”工作小组，以新模式推动创新成果的产出。

● 2020年11月，台山四九供电所青年员工上门为用户宣传用电知识

三、工作成效

（一）团员青年队伍整体素质不断提升，成为中坚力量

通过开展“两带一深挖”活动，四九供电所团员青年的政治素养不断提高，先后有2名青年加入了党组织，5名青年主动向党组织递交了入党申请书，2名青年被提拔为团委团干。通过常抓岗位练兵、技能比武和实战磨砺，青年的业务技能显著提升，连续多年创造了服务零推诿、零差错、零积压、零距离、零投诉的“五个零”佳绩。一些优秀人才逐渐成为业务上的骨干、创新工作的领军人，在技能比武、各类竞赛中获奖一百多项，真正成为了客户的“电管家”、行业的“排头兵”。青年队伍在困难面前关键时刻站得出、顶得上、做得好，四九供电所先后被评为“最快复电单位”“抢修复电先进班站所”等，赢得了社会的广泛赞誉。

（二）团员青年队伍创新创效成果丰硕，登上全国舞台

通过开展“两带一深挖”活动，四九供电所团员青年攻克了多项技术

难关，仅用两年时间就完成了56项创新项目：从2019年6月开始，青年团队利用搭载RTK载波相位差分技术的无人机开展点云照片采集，攻克了时速校差、锚点定位等核心技术，成功建立9条非电缆公用线路的三维模型。2019年10月，该所全面完成辖区内公线的航线校验和审核发布工作，成为南方电网首个实现配网无人机自动巡航全覆盖的供电所，相关经验成为行业标准并在全网推广。2019—2020年共完成创新项目56项，其中5项获得了国家级实用新型专利，1项获得了全国QC小组成果发表赛改进级成果，1项入选《电力信息通信新技术大会论文集》并获中国电力企业联合会科技开发服务中心授奖。

四、经验启示

（一）要注重抓好青年的思想政治建设

思想是行动的先导。青年队伍必须时时刻刻围绕在党的旗帜下才能发挥出应有的作用，因此，青年的思想教育这个基础必须打牢，必须常抓不懈。要强化理论教育，在扎实的理论基础上坚定政治方向；要注重实践锻炼，在实际工作中树立宗旨观念。同时要不断创新工作方式方法，善于捕捉时机，因人制宜，才能起到最好的效果。

（二）要注重发挥青年的生力军作用

青年员工在业务中发挥好生力军作用，是青年队伍成为标杆的基本要求。要准确地把握新时代青年员工的特点和现实要求，关心他们的工作、学习和生活，为他们成长成才提供施展的舞台。要抓好青年员工的技能培训和职业发展工作，及时表扬和奖励他们的工作表现。要关注他们的思想动态和心理健康，及时鼓励他们以阳光心态投入到工作中去。让青年扛起重任既需要功夫用在平时，注重高标准严要求的培训，更需要在硬仗大考面前把青年摆在前面，接受风雨的洗礼，让青年茁壮成长。

（三）要注意深挖青年创新创效的潜力

青年代表着希望与未来，拥有着无限潜力，把青年队伍的作用发挥到最大就必须想方设法深挖青年的潜力。近几年，新技术的应用、职创、QC、管理创新等层出不穷，这给挖掘青年潜力提供了广阔的天地和舞台。党团组织必须放远目光，探索新模式新方法，从思想观念更新、科学知识传输、发明能力开发、工作方法创新、团队精神培养、心理品质构建等方面切入，抓细抓实，让青年各尽其才。

（撰稿：周文昌、谢锟）

创立青年顾家队　提升志愿服务水平

党的十八大以来，江海供电局党总支紧跟时代步伐，积极发动基层团组织开展形式多样的志愿活动，通过建队伍，创新成立青年顾家队；搭平台，不断完善顾家管理机制；扩内涵，积极拓展顾家行动领域，内聚人心，外树形象，进一步彰显了社会主义核心价值观和“奉献、友爱、互助、进步”的志愿服务精神，赢得了企业内外的广泛好评。

一、实施背景

志愿服务是指在不求回报的情况下，为改善社会、促进社会进步而自愿付出个人的时间及精力所做出的服务工作。奉献精神是高尚的，是志愿服务精神的精髓。志愿者通过参与志愿服务，促进了社会的进步，同时自身也得到了很大提升。2014年，在纪念五四运动九十五周年之际，共青团中央发布《关于在广大青少年中深入开展社会主义核心价值观宣传教育和实践活动的通知》。江海供电局党委（2022年5月后改为江海供电局党总支部）为激发青年践行社会主义核心价值观，弘扬时代精神，积极发动基层团组织开展形式多样的志愿活动，赢得了广泛赞誉。

二、主要做法

（一）建队伍：创新成立青年顾家队

江门濒临南海，经常遭受强台风袭击。2014年6—8月，台风“海贝思”“海鸥”“威马逊”接连在粤琼两省沿海地区登陆，根据广东电网公司的统一部署，各地市、县供电局干部职工第一时间赶赴受灾现场，夜以继日地抢修损毁电网，力争尽快复电，保障千行百业生产、千家万户生活的用电需求。其间，众多参与抗风抢修的职工家庭在照顾生病老人、接送子女上学、日常家务工作等方面时常遇到困难。“后方”不稳，必然会影响到“前方”的士气。有鉴于此，江海供电局党委聚合党政工团的力量，积极发挥青年生力军的作用，组织成立“青年顾家队”，秉承既顾“大家”也顾“小家”的理念，深入职工家庭，结合具体实际，为其提供诸如照顾老人、接送小孩、清洁卫生、买米送菜、维修家电、情绪安抚、化解矛盾等服务，切实做到让“前线放心、后方安心”。同时，基层班组的青年也根据自身实际，成立了多支个性化“顾家小分队”。如配电运维二班成立的“顾家猛男小分队”，专门负责所在部门抗风物品运输、人员接送的工作，使志愿服务更加贴近实际。在2015—2016年台风抢险期间，江海供电局的党团组织全部加入“顾家行动”，累计达500余人参与，被中国网、人民网、《南方都市报》、《羊城晚报》等主流媒体广泛报道，受到了普遍好评。

（二）搭平台：不断完善顾家管理机制

在上述实践的基础上，为了让“青年顾家队”有效运作起来，形成长效机制，使之成为全面提升青年志愿服务的抓手，江海供电局党委发动青年自主设计了“顾家队徽”，派发给每一位队员，增强团队标识及荣誉感。创办了《顾家队刊》，刊登相关活动动态及好人好事。借助本单位新媒体平台“安全先生”，建立“发布—收集—反馈”志愿服务全闭环管理机制，将由“外”（需求发布者）到“内”（需求响应者）的反应时间缩短到秒级，做到“有传必回”，快速响应。按照“就近原则”，由后台智能判别派送服务需求，党团员立即奔赴需求点开展志愿服务，以最快速度、最高效率满足参与抗风抢修的职工及家属“后方”的各类需求。依托此机制，台风“威马逊”“天兔”袭击广东西部期间，共完成需求响应48单，服务受众超过60人。2016年，该局党委针对台风“妮妲”直袭江门、不宜直接外出服务的特点，在基层建立了5个“顾家服务”微信群，实时收集抗风抢险员工前线快报及服务需求，互通第一手信息，让服务更贴近员工。

（三）扩内涵：积极拓展顾家行动领域

除了关注抗风救灾时期前方一线员工的亲人家属，江海供电局党委还根据企业实际，不断丰富“顾家行动”的内涵，拓展“顾家行动”的领域。2016—2017年，该局“青年顾家队”积极响应南方电网公司“百名党员进百村”活动，结合江门市文明创建工作，通过建立“红色能量档案”“红色能量地图”，让每一位青年党员参与其中，成为一颗“红色种子”，为结对村江海区外海街道麻二村等提供超过50次志愿服务，参与党团员超过100人次，当年江海供电局获“江门市爱心单位”荣誉。同时把服务的目标群体扩大到新进员工、有特殊需求的女工等不同团体，为他们提供针对性服务。开展线上青年座谈直播，为青年朋友排忧解难；邀请江门市妇幼专家为孕期女工提

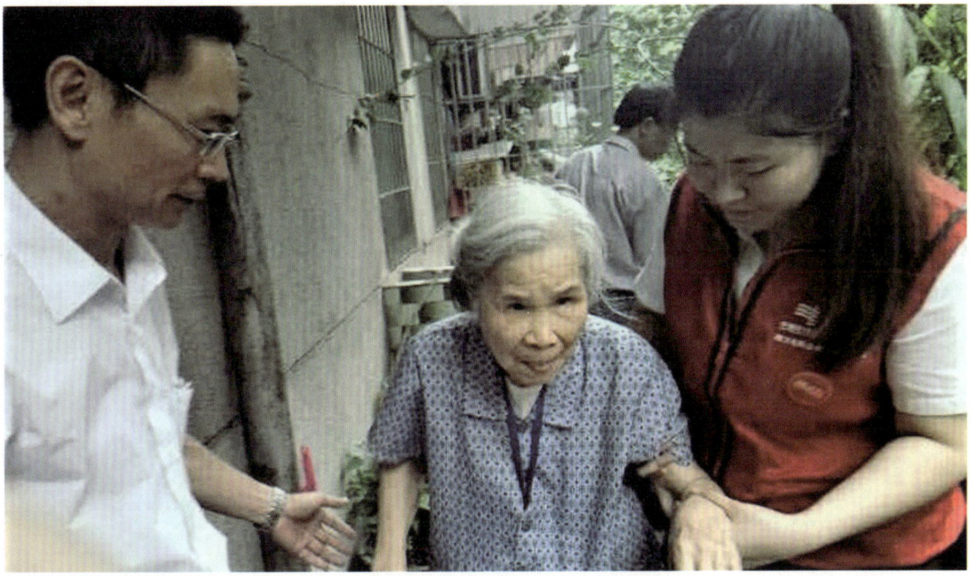

● 2017年8月抗台风期间，江海供电局青年顾家队员到抢修员工家照看老人

供专业医学讲座；开展顾家队“爱心进社区”提升公共涉电安全专项行动，带动党团员60人次到供电区域内15个市场为用电客户开展用电知识志愿宣传。此外，该局党委还将“顾家行动”从保障员工的生活需求向确保员工廉洁从业持续提升，提出了“一个人的背后是一家人，一个人的职业安全是一家人幸福的源泉”，从“顾家”文化入手，全面加强廉政建设，并取得了好成绩，获评南方电网公司第一批廉洁文化示范单位。

三、工作成效

（一）内聚人心，激发价值创造

在建立“青年顾家队”并开展各类志愿服务过程中，主动担当作为已成为江海供电局青年创造价值的内驱动力，锻造了一支能干事、勇担责、有爱心的青年员工队伍，助推了企业高质量发展。在2016年、2017年，江海供电局连续两年活动组织绩效获评A级；2017年配电运维二班获得南方电网公司首批五星级班组称号。

（二）外树形象，惠民服务暖人心

通过建立“青年顾家队”并开展各类志愿服务，江海供电局全体员工更自觉践行服务社会的责任。例如，2018年以来，组织“洁城·绿清洁”“清癖亮城”等创文志愿活动超过60次，发动团员青年、党员、群众超过700人次，志愿者活动新闻宣传多次登上江门电视台等媒体；组织青年参与团市委及江海区委宣传部的“文明在哪里”快闪活动并登上了江门电视台、江门日报、高新发布等各媒体平台，在推动企业发展和社会进步中实现个人价值与社会价值相统一。

四、经验启示

（一）必须以人为本、与时俱进

“青年顾家队”成立的初衷是服务特殊时期的特殊群体，以此延伸产生“顾家行动”，打造了一种具有高时效性、互动性、自主性的志愿服务新模式，具有其他传统志愿服务不可比拟的优势。随着时间推移，针对台风应急抢修应运而生的“顾家队”也必须与时俱进，不断丰富其内涵，拓展其行动领域，做到“奉献、友爱、互助、进步”，推动“顾家行动”持续向纵深发展。

（二）不仅要做得好、还要唱得响

以“青年顾家队”为抓手提升志愿服务水平，内聚了人心，外树了形象。要通过创新传播表现、更新传播媒介功能等，在自有媒体建立报道专题，改变原有零散式、单一化的信息更新模式，实现各种媒介资源的有效整合，更好地发扬“顾家”文化，对内对外传播企业文化，吸引更多人参与到志愿活动中来。

（撰稿：温雯、钟艳珍）

知行合一　破解电网设施保护难题

近年来，江海供电局生产安监部党支部始终把党建主体责任扛在肩上，抓党建促业务，着力做好电网设施防外力破坏工作，以书记项目为抓手，实施电网安防“知行堡垒工程”；以党员责任区为依托，开展电网安防“知行先锋行动”；以党建业务融合为基础，健全电网安防“知行运作机制”，知行合一解难题，有效提升了电网设施保护工作的水平。

一、实施背景

江门市江海区作为国家级高新技术开发区，近年来吸引了各类高新产业陆续入驻，新区的开发建设和污水管道等基础设施升级力度不断加大，呈现出“多点施工、多单位开建、多政府部门管理”的情况。随之增加的不仅是对可靠电力供应的需求，还有电力设施防外力破坏工作的难度，这给安全生产和电力可靠供应带来了较大的挑战。

江海供电局生产安监部党支部现有党员27名，具有觉悟高、作风好、素质硬、业绩佳的特点，在历年安全生产工作中先进性突出。鉴于此，2020年初，该党支部结合自身工作特点和党员队伍情况，将党建工作和电网设施保护工作紧密融合，采取切实有效措施，亮身份、树形象、显作用，知行合一，发挥安全生产“领头雁”作用，较好地解决了电力设施受外力破坏次数高的业务难题，取得了显著成效。

二、主要做法

（一）以书记项目为抓手，实施电网安防“知行堡垒工程”

针对电力设施遭遇外力破坏次数日渐增多的局面，生产安监部党支部实施“知行堡垒工程”，并成立了以支部书记为组长，以安全生产业务、一线班组党员骨干以及入党积极分子为成员的“防外力破坏电网设施”推进小组，讨论制定行动计划表，明确方法步骤，设定完成时限，严防外力破坏，确保电网安全。在工作过程中，将其中的重点、难点问题列为书记项目的主要内容，实行“党员分段分区负责”“黑点滚动式交底”“可视化电缆走向标识”以及“外破施工销号管理”等方法措施，共同商议解决难题，分工负责抓落实，确保取得成效。

（二）以党员责任区为依托，开展电网安防“知行先锋行动”

电网设施保护工作需要团队精神和协同作战，需要领军人物。由此，

● 2020年初，江海供电局生产安监部党支部在研讨电网设施保护问题

生产安监部党支部开展了“知行先锋行动”活动，将本支部27名党员、3名入党积极分子和5名非党员业务骨干划分到4个党员责任区，落实防止外力破坏电网设施的任务要求，让每个党员都明确自己在团队中的责任和定位，并作出公开承诺，每季度向支部汇报履行承诺的情况，接受其他党员和群众的监督。通过个体表率作用，发挥群体集聚效应，从而起到引领、示范和辐射作用，激励每一位党员立足本职岗位，全力做好防止外力破坏电网设施工作，进而带动和促进生产安监工作业绩的不断提升。

（三）以党建业务融合为基础，健全电网安防“知行运作机制”

为确保“知行堡垒工程”和“知行先锋行动”取得实效，生产安监部党支部通盘考虑各方面情况，以系统思维统筹建立健全三个电网设施保护运作机制，强化各个环节的关联，推进党建工作与业务工作深度融合。一是建立季度工作“回头看”机制。每季度由支部书记召集“防外力破坏电网设施”推进小组成员开展主题党日活动，总结“知行堡垒工程”和“知行先锋行动”的进展情况，查找分析存在的问题，商讨解决方案，明确下一步工作重点和措施，确保预期目标的实现。二是健全专项培训机制。通过集中学习培训、座谈交流研讨、专家现场传授、实景模拟演练、安保技术攻关等方式，加强严防外力破坏保电网安全培训工作，把党员培养成业务骨干，带领一线班组人员更加快速高效地做好电网设施保护工作。三是完善相关激励机制。量化防止外力破坏电网设施指标，将完成情况纳入党员月度、季度和年度绩效考核。党支部以此作为推选党员安全生产示范岗、党员示范岗的业绩依据和重要参考。通过树典型立标杆，让党员群众干有方向、奔有目标、学有榜样，营造了保护电网设施工作中“争优秀、比贡献”的良好氛围。

三、工作成效

（一）发挥了党支部和党员的先进性作用

生产安监部党支部以书记项目为抓手实施“知行堡垒工程”，将破解电网设施保护难题列为支部工作重点，促进了党支部整体发展和党建工作成效的全面提升，2020年书记项目成果荣获江门供电局管理创新项目成果竞赛三等奖。以党员责任区为依托开展“知行先锋行动”，发挥了党员示范引领作用，做到平常时候看得出来、关键时刻站得出来、危急关头豁得出去。区建安、陈锦标被推选为江门供电局2017年度优秀共产党员，陈伟森被评选为江门供电局2020年度党建成效突出作用发挥突出重要贡献个人，张苑嵋被推选为江门供电局2019—2021年度优秀共产党员。

（二）提升了电网设施保护工作的水平

生产安监部党支部运用了目标管理的方法，按照明确性、衡量性、可实现性、相关性、时限性的原则，知行合一，全过程指导、督促各基层单位和班站所通过扎实有效的措施，大幅提升“人防”和“技防”水平，确保了电网安全运行，成效显著。2020年，江海区因外力破坏引起的故障跳闸事件较实施前同期下降72%。生产计划部配电运维一班获得了江门供电局2018年度优秀班组，配电运维三班获得江门供电局2020年度安全生产先进集体，配电运维二班获得2020年南方电网公司工人先锋号等荣誉。

四、经验启示

（一）要统筹一体推进

党建工作与业务工作是有机统一的。党建工作抓好了，就能为业务工作提供坚强的政治保证。同时，党建工作要想避免被“虚化”“弱化”，就要紧密结合业务工作来开展，通过党建工作引领和推动业务工作，并用业务工作来检验党建工作成效，实现党建工作与业务工作同向聚合、深度融合，各项举措在部署上相互配合、在实施中相互促进。

（二）要坚持问题导向

推动党建工作与业务工作深度融合，必须坚持问题导向，深挖影响二者深度融合的主要问题。做到发现问题要准、分析问题要透、整改问题要实，奔着问题去、盯着问题改，把深层次问题挖出来、把隐蔽性问题找出来。在此基础上，对问题整改实行台账式管理，明确责任主体、进度时限和工作措施，做到问题不解决不松劲、解决不彻底不放手，持续推进、久久为功。

（三）要夯实制度机制

建立健全工作机制是推动党建工作与业务工作深度融合的长远之计、根本之策。要加强制度建设，及时将党建工作与业务工作深度融合的成功经验和有效做法上升为制度。要促进党建工作机制更加精准对接业务发展所需，做到业务工作开展到哪里、党建工作就延伸到哪里，抓在平常、融入日常，做到同研究、同部署、同检查、同考核。

（撰稿：张莉、何澈）

发挥引领作用　打造精品工程

党的十九大以来，江门市电力工程输变电有限公司党支部紧紧围绕企业发展目标，抓党建、强作风、提能力、严管理，充分发挥党支部的战斗堡垒作用，把难题交给支部解；充分发挥党员的先锋模范作用，把重担交给党员挑，有效增强了党组织的凝聚力和战斗力，提高了施工质量和效率，铸造出一批精品工程，优质高效地推进江门主网工程建设。

一、实施背景

党的基层组织应如何做工作、做哪些工作？如何进行管理、发挥作用？这是新形势下企业党组织需要认真思考并加以解决的问题。随着企业发展与改革的不断推进，党组织的工作环境、工作内容均发生了重大变化，基层党建工作必须适应新的形势，结合实际情况，采取有效措施，努力实现与生产经营工作的紧密结合，达到通过抓党建实现强管理的目的。这需要我们不断创新工作方法，转变工作作风，在工作针对性和有效性上做文章、下功夫。

近几年来，江门供电局不断加大基建投资，着力打造坚强电网。江门市电力工程输变电有限公司作为江门地区内电网施工企业，承担着五邑侨乡近60%的主网建设任务。面对日益繁重的基建任务，输变电公司党支部紧盯重点工程建设项目，实施“发挥引领作用，创建精品工程”行动，进一步推进党的政治、思想、组织、作风、纪律和制度建设，把支部建在项目上，在施工主要区域、重大任务、关键环节中推行党员责任区，带头挑重担、解难题、啃硬骨头，充分发挥党的先进性，切实提高施工质量和效率，着力打造精品工程，有力地推进了江门主网工程建设。

二、主要做法

（一）发挥战斗堡垒作用，把难题交给支部解

把党支部建在项目上。按照江门供电局党委提出的“一工程一支部”“一项目一支部”的组织要求，联合业主、监理和分包等参建单位成立项目临时党支部，确保工程推进到哪，党建工作就推进到哪，让党旗飘在阵地上。瞄准项目创优目标，及时在项目现场组织召开临时党支部会议，依托群众路线行动法等载体，加强沟通协调，实现各专业的高效衔接，合力推动工程建设。对日常发现的问题进行剖析，制定提升计划和措施，将任务落实到每个党员责任区，实行常态化管理。如在江门地区首个

2020年11月，江门市电力工程输变电公司泡步临时党支部开展夜间架线作业

“5G智慧工地+建筑物装配式结构”智能变电站项目——台山220千伏牛山（泡步）项目建设过程中，面对疫情防控、高温炎热等因素，临时党支部书记与党员骨干认真落实责任区职责，及时细化施工方案，合理调整施工进度，优化施工作业流程，为工程赋能增效。

建立“党建+工程”工作机制。坚持党建引领，通过主题党日、支部联建等途径，深入研究探讨工程难题，贯彻执行合理措施，使难题得到及时有效解决。面对疫情对项目建设的影响，党支部凝聚全员力量，想方设法按进度完成项目建设任务。例如针对装配式钢结构建筑物施工经验不足的问题，邀请“中国安装之星”项目中的先进典型，在主题党日中分享在装配式钢结构建筑物施工上攻坚克难的经验和体会，以榜样力量推动党员解难题。又如针对工程建设施工与设计协同成效不足的问题，以支部联建形式多次开展工程设计施工协同工作交流，共同探讨阶段性问题和改进措施，促进了中创新航项目等江门重大项目的高效建设。再如在该公司首个500千伏项目——芷寮至回隆线路湛江段项目建设过程中，组织项目部党员青年骨干“住进”变电站，加班加点持续奋战，确保工程建设“不断档”。

实施“党建治违”。始终牢牢守住安全生产这条生命线，针对输变电工程建设中出现的各种安全隐患、短板、困难等，通过召开支部组织生活会，研究制定解决方案，相继出台“保命保指标，同心保平安”安全生产管理举措、受力工器具吊钩防脱落保险装置专项防违章整治方案等，并严格落实执行。按照“三无三不三带头”的要求，用好党员责任区、“群众路线谈心法”等党建工具，强化安全教育，全面提高全员保命意识。开展“党建治违”行动，传播“严细实”安全文化，激励党员带领群众，落实岗位安全职责，共同监督安全管控措施的刚性执行，确保安全高质施工。

（二）发挥党员先锋模范作用，把重担交给党员挑

书记带头抓进度。将难点项目设为书记项目，由书记带头成立党员攻坚小组，持续加强现场安全管控和标准化作业，倒排工期、责任到人，形成了层层抓落实的工作格局，确保工程顺利实施。如2021年在南网装配式技术应用首批预制舱工程试点项目——武东变电站施工高峰时期，每天投入的施工人员超120人。书记带领全体党员“五加二、白加黑”，夜以继日地推进工程进度，从进场到投运仅用时170天，高效地完成了建设任务，比以往常规变电站工期缩短了5—6个月。

党员带头攻难关。在输变电工程建设中，面对工序复杂、安装调试及验收任务时间紧迫、季节性影响、交通困难、村民投诉等诸多困难，支部着力推进创新攻关体系和能力建设，选派党员骨干成立党员技术突击队和党员质量管控攻坚队，与业主单位开展支部联建活动，优势互补，联合攻关，以问题和目标为导向，通过倒排施工计划、分解节点任务，抓安全、抓质量、抓进度、控投资。党员干部带头深入项目一线，不畏寒暑、争分夺秒、冲锋陷阵，不断加快推进各项目建设。党员技术突击队针对各类工程特点，以重大问题和需求为导向，立项开展“电力二次屏柜控制回路接线智能核对装置研发”“电力用预制电缆沟新型压顶模具研发”等创新技术项目，有效提高了工程施工质量和效率。

● 2020年10月，江门市电力工程输变电公司泡步临时党支部组织研究现场施工难题

三、工作成效

（一）有效增强党组织的凝聚力和战斗力

通过实施“发挥引领作用，创建精品工程”系列措施，党支部的领导力、组织力显著增强，党员的执行力、创新力不断提升，党的先进性得到充分发挥，以党建思维推动业务工作蔚然成风，并带动身边的群众善用党建思维解难题、增实效。2021年以来，输变电公司党支部先后被评为广东电网公司“先进基层党组织”、江门供电局标杆党支部，以青年党员为骨干的班组先后获得了江门市青年文明号、江门供电局工人先锋号等荣誉，有效激发了党员的荣誉感、责任感和使命感。

（二）积极探索切合实际的党建与业务融合模式

通过实施“发挥引领作用，创建精品工程”系列措施，实现了党建工作与业务工作相辅相成、相得益彰，并取得了显著成效，既加强和创新了基层党建工作，又大力推动了各项工程建设。至2022年，输变电公司共有1项工程被评为“中国安装之星”，2项工程获得“中国电力优质工程奖”，19项工程获得广东省优质工程、南方电网公司和广东电网公司“安全、优质、文明”优质工程等奖项。

四、经验启示

（一）必须确保党的组织和党的工作全覆盖

党组织的政治核心作用决定了党组织的领导是政治领导，党组织要积极适应电网发展的新变化，适应工作分工、党员流向的新变化，因地制宜、灵活多样地推进党组织的设置。同时，要加大党建工作力度，对重点输变电工程项目给指导、给资源、给手段，把党的政治工作优势转化为企业管理要素，把党的政治工作资源转化为企业管理资源，把党组织和党员的先进性转化为生产经营工作成果，实现“有形覆盖”和“无形覆盖”的统一，提高党的工作的辐射力、影响力。

（二）必须切实加强和改进党员队伍建设

党员队伍作为职工队伍中先进的、重要的组成部分，更应该在工程建设中充分发挥示范带头作用。企业党组织要积极开展形式多样的党员活动，如设立党员责任区和党员示范岗，开展“一看就是党员”和“党员1带N”活动等，健全党员立足岗位创先争优长效机制，激发党员投身改革、建功立业的内在动力。要积极实施“双培养一输送”工程，把生产骨干培养成党员，把党员培养成生产骨干，使党员成为优秀的人力资源，不断为推动企业发展注入活力。

（撰稿：邓小柳、谢锟）

党建业务同频共振　汇聚创新发展动能

2017年以来，广东顺畅科技有限公司党支部坚持服务生产经营不偏离，积极开展跨单位、跨部门支部联建，加强人才培养；把难题交给支部解，把重担交给党员挑，组织技术攻关；运用“群众路线行动法”研发新技术，助力疫情防控；以“党建+技术创新”为切入点，破解科技保安难题，企业各项生产经营业务得到了新拓展、取得了新成就。

一、实施背景

2017年，国家发文明确重点发展和应用人工智能技术，中国南方电网公司在“十三五”规划中也提出要将自身建设成为一个“互联网+智慧能源”类型的企业。基于上述两个背景，广东电网公司开始积极策划引进人工智能相关技术和产品，以解决供电行业内现存的一些难点问题。

浪潮涌来，作为高新企业，广东顺畅科技公司创新突破谋发展刻不容缓。经过深入调查研究和市场分析，该公司党支部于2019年着手启动人工智能和数字化等新业务。在推进过程中，该公司坚持党建引领，充分发挥党的先进性，统筹做好团队创建、人员配备、技能培训、业务协调、技术研发等工作，以数字化智能转型开新局，以创新硬核成果谋发展，并取得显著成效，先后被江门供电局党委评为2018年度标杆党支部、2019—2021年度先进基层党组织。

二、主要做法

（一）开展跨单位、跨部门支部联建，加强人才培养

在当今新技术突飞猛进的新形势下，顺畅公司党支部聚焦企业战略布局、核心能力，着力培养网络通信、软硬件产品研发、大数据分析、信息系统集成及运维等业务领域的领军人才和专业化团队。在具体工作过程中，采用支部联建方式，定期组织开展技术内部培训、专题讨论及供电业务知识学习，全面提升其技术水平和业务水平。同时做好跟踪服务，支持并帮助人才实现“登高计划”，运用数字化手段将“登高计划”实施情况和活动成效进行评比，提升人才培训工作的整体效能。2021年，联合江门供电局系统运行部、变电管理一所、变电管理二所党组织，在220千伏镜山变电站二次专业培训试验场开展以“支部联建传承红色基因、优势互补推进人才战略”为主题的继保自动化调试人才培养战略合作项目，根据项目方案安排培训和考核，推进核心技术人才培养战略落地。在此基础上，积

● 2022年4月，顺畅科技公司党支部在研讨科技保安问题

极鼓励技术人员参加各类技能竞赛。2022年6月，组队参加江门市“邑网杯”网络安全大赛，并荣获政企组三等奖；8月，软件机器人项目组参加第二届中国RPA+AI开发者大赛，在作品开发过程中通过模式和技术两方面创新，成功将参赛场景的流程开发时间相较人工操作节省86%，并将数据准确度提升至99%，作品《“数智”调度应急分析机器人》荣获大赛企业组银奖。

（二）把难题交给支部，把重任交给党员，组织技术攻关

紧跟数字化电网步伐，聚焦智能电网的大数据、工业物联网、5G与新基建领域，由党员牵头的专业团队开展技术攻关，为构建新型电力系统提供有力支撑。首先是通过全体党员群众的团结合作，自主研发了多套具有电力行业特点的软硬件产品与平台，如大集体企业业务一体化集控管理平台项目、大集体企业工器具数字化管理系统项目、GPS车载系列产品及其配套“车辆碳足迹检测管理平台”等，并获得了用户的高度认可。其次是

优先选派党员参加重大攻坚任务，主动参与行业新业务市场竞争。在业务调研、市场分析、标书编制、策略选择等工作中积极发挥党员先锋模范作用，建立“党员责任区”，再以党员1+N的结对方式，带领群众一起抓落实，集思广益，整合资源，激发员工潜能，开拓企业发展版图。

（三）运用“群众路线行动法”研发新技术，助力疫情防控

自2020年初以来，为应对突如其来的新冠疫情、高效做好员工健康信息统计与分析工作，顺畅科技公司党支部扎实开展“我为群众办实事”实践活动，广大党员主动担当作为，承担急难险重的研发任务，针对粤康码分析流程，创新开发疫情防控专属解决方案，利用软件机器人和光学字符识别等人工智能技术，自动识别统计核酸时长、黄绿码情况、是否接种疫苗等健康信息，把原本长达17个工时的人工筛选整理工作，缩短为只需4个工时的机器自动化处理模式，极大提升了数据处理的时效性和准确性，助力企业科学防控、精准施策，筑起疫情防控的铜墙铁壁，以科技创新彰显公司的责任担当。

● 2022年6月，顺畅科技公司研发人员对车辆碳足迹监测管理平台代码进行优化

（四）以“党建+技术创新”为切入点，破解科技保安难题

党支部在引领技术创新道路上，要充分挖掘学思践悟新思想的实践探索、改革攻坚克难奋进的精神富矿，充分发挥企业技术创新能力，利用软件机器人程序完成智慧安监线上督查的协同管理。推广实现软件机器人在每日定时触发流程，自动登录进行数据抓取、对比分析，实时报告等场景的应用，辅助当值人员对生产现场“四查一核”的措施落实，将更多精力投放于对生产现场关键点、相关人员的监督之中，进一步提升监督运行效率，减低压缩出错概率，开发与“机器减危”相适应的安全、先进、好用工具。

三、工作成效

（一）党建引领技术创新取得了新突破

顺畅公司党支部坚持党建引领，锚定企业发展目标，扎实推动党建工作与业务发展“双融合”，为企业高质量发展插上“数字翅膀”。该公司自推广软件机器人业务以来，通过运用RPA+AI实现端到端自动化，充分释放人力成本，提高数据准确度，实现了工作效率和管控水平的“双提升”。目前，该项技术已成功应用于数字电网各管理版块，并荣获多个大赛奖项，包括2020年度江门供电局RPA软件机器人设计竞赛一等奖，2021年度广东电网“智匠”RPA优秀案例、广东省第七届质量信得过班组经验交流会三等奖，2022年度第二届中国RPA+AI开发者大赛企业组银奖等。

（二）党建引领业务发展获得了新拓展

顺畅公司党支部坚持党建引领，积极推广大集体企业电力业务一体化集控平台、通信电源智能监控软硬件产品、“畅途”车辆碳足迹可视化产品等自研产品，深化智慧用能解决方案，顺势将业务区域由广东本地拓展至南方五省，全面覆盖南网各地区市场，为后期的业务发展提前做好了谋划、奠定了基础。该公司被评为广东电网公司2019年度业绩优秀改革企业。

四、经验启示

（一）要坚持一切从实际出发

实事求是是我们党的基本思想方法、工作方法和领导方法。因此，加强和改进基层党建工作，要搞清楚“实事”，了解实际，掌握实情，这是进行一切科学决策所必需的也是唯一可靠的前提和基础。顺畅公司党支部紧密结合生产实际，有效整合资源，创新党建工作方式方法，将难题交给支部解，将任务交给党员干，把党建优势转化为业务优势，就是坚持一切从实际出发、实事求是的充分体现。

（二）要坚持走群众路线

坚持群众路线，密切联系群众，积极为群众谋利益是我们党的优良作风。顺畅公司党支部将群众路线等思想、工作方法应用于实际，通过将操作流程细化、具体化，取得了新突破，党支部“教育党员、管理党员、监督党员和组织群众、宣传群众、凝聚群众”作用得到有效发挥，本案例中运用群众路线行动法开展“我为群众办实事”实践活动，就是成功的尝试。

（三）要坚持服务生产经营不偏离

基层党支部承担着围绕企业生产经营开展工作、服务改革发展的重点任务，只有抓党建从生产出发、抓生产从党建入手，推进党建工作与改革发展、生产经营深度融合，创造性地解决企业发展中出现的新情况新问题，基层党建工作才能取得实效，才能被基层的党员和群众认可，才能有效焕发企业党建的生机与活力。

（撰稿：文玲玉、张婉婷）

第三章 暖风

敬业奉献书热诚

党员是党的肌体的细胞，党员强则党强，党员有担当，党就有力量。多年来，江门供电局广大党员扎根基层，兢兢业业，吃苦在前，享受在后，舍小家，顾大家，把拼搏和汗水挥洒在岗位，把责任和担当铭刻在心底，平常时候看得出来，关键时刻冲得上去，用心用情用力为客户服务，在平凡的岗位上发光发热，守护着万家灯火。广大党员先锋模范作用的充分发挥，如同习习暖风，轻拂着党旗党徽，擦亮了『勇于改革、乐于奉献』的精神底色。

行则将至　做则必成

冯普俊，1991年参加工作，2002年入党，现任江门供电局变电管理一所副总经理。入职以来一直扎根基层，潜心钻研电力设备焊接及检修技术，发明检修工具30余种，改良设备60余种，成为获国务院颁发政府特殊津贴的技术人才，为企业创造了超过1000万元的经济效益。2010年荣获“全国劳动模范”称号，2014年被评为南方电网感动人物并立个人一等功。

“即使蒙住双眼，他也能在10分钟内组装一台10千伏少油断路器。”江门供电局流传着这样一句话，夸的就是冯普俊的拿手绝活。这一切的缘由，还得从冯普俊的入职之初讲起。

1991年，出身农家的冯普俊从广东省电力技工学校毕业，进入台山供电局，成为试检班的一名普通检修员。在副班长陈发荣的鼓励下，年轻的冯普俊经常去拆装一些旧的设备来练手。因试检班的办公空间小，冯普俊和陈发荣便常常把设备搬到外面的空地，拿张凳子，就坐在树下进行拆装练习。在师傅的影响和督促练习下，冯普俊对设备里面的结构和原理也越来越了解，越来越有感觉。后来拆多了，越拆越上瘾，几天不拆心里还痒痒的。

然而好景不长，当时台山供电局正推行内部职工经营项目承包，刚工作不久的冯普俊，由于承包的一个项目严重亏损，欠下局里40余万元的债务。“每个月只领基本生活费，其他工资全部扣除用来抵债，我算了一下，要还款还到五十岁。”回想彼时的窘境，冯普俊不忘自嘲一番。但凭着一股犟劲，年轻的他暗自下定决心，一定要让“冯普俊”这个名字在电力检修行业打出名堂：“我要自救。既然在生活上没办法和别人比，我要通过工作赢回尊严！”

说到做到。从那时起，他泡在车间一门心思钻研起了“业务”。嫌宿舍离得远，他干脆在车间住了下来。每天下班后，冯普俊就留在车间里拆装旧设备，或者阅读与专业相关的理论书籍，夜里就在车间休息。在不足60厘米宽、150厘米长的藤椅上，他一睡就是三年。天下功夫，唯“恒”不破。在当时资金不足、设备更新缓慢的艰苦条件下，他前后改良了60多台检修设备，发明了20多种检修、降损工具，为企业创造了880多万元的经济效益。

20世纪90年代，电力设备的工艺都不太成熟，比如变压器经常会漏油。特别是台山处于沿海，设备锈蚀的情况比其他地方严重。1995年，冯普俊便开始思考如何进行带电作业。在实际工作中，他发现在变压器散热管不停电的情况下，带油进行补焊应该是可以实施的。那段时间，他和同

● 2012年，冯普俊对110千伏公益变电站主变内部结构进行检查

事一有空就跑到车间里去，用废旧变压器做试验。同事在旁边不停地敲变压器，模拟振动，冯普俊则进行焊接操作。就这样断断续续地研究了差不多一年的时间，时任输变电工区主任陈志成来他们车间巡查，看见他们的试验，很感兴趣。到了1997年，经过反复试验，冯普俊认为变电设备带油带电检修技术是基本成熟的、可行的，就形成方案报给了陈志成。陈志成看后大加赞扬，大力支持推广应用。正巧，110千伏白沙变电站（现南沙站）发生主变散热管渗漏油故障，如果按往常的做法停电检修，其供电范围内的许多水泥厂将无法在生产高峰完成任务，且必须通过市政府来做协调。于是，冯普俊和同事经过讨论决定把变电设备带电作业“首秀”放在这个变电站。经过一番紧张而细致的操作，故障被顺利排除了，第一次变压器散热管不停电补焊作业获得圆满成功。这项工艺也获得了当年的台山市科技一等奖。

长期在一线锻炼，冯普俊依靠精进的技术技能和丰富的经验慢慢脱颖而出。2000年，单位鉴于他的优秀表现，不仅帮他解决了债务问题，还给予他一个到华南理工大学函授学习的机会。无债一身轻，冯普俊轻装上阵，蹄疾步稳。函授班毕业后，冯普俊积极将所学内容运用到工作中去，在实践中验证理论，又不断消化理论用来指导实践。他还劝说其他同事也加入“充电”队伍中来，开始有人不以为然，直到一次变压器套管漏油抢修的经历才让他们改变看法。那天，将变压器停电检查了两三遍后，大家还是找不到套管漏油的根源。冯普俊善于思考的脑筋又运转起来了：能不能结合厂家的原始资料，从设备结构上找原因呢？果不其然，对照资料说明，结合上课时老师讲授的设备讲解要点，他发现套管中有一处诡异的透光——原来是铜导电螺杆长了！夏天受热膨胀还看不出来，天气一冷，缝隙就暴露出来了。冯普俊将顶部螺杆削开5毫米再安装上去，问题随之迎刃而解，还为企业省下了10余万元的维修费用。

2011年末，江门供电局机构调整，冯普俊离开所负责的台山片变电岗位来到了新成立的变电管理二所，分管台山、开平、恩平三地的变电检修业务，范围一下子扩大了两倍有余，他身上的担子又重了许多。在新的岗位上，他仔细区分检修班组的实际情况，通过整合三地人力、物力资源，在人手不足的情况下实行多班组跨区联合作业。2012年，冯普俊成功组织台开恩三地的检修人员优质高效完成大型停电检修任务20余次，一次设备消缺量较上年同期大幅增加25%，成为部门工作的一大亮点。针对个别专业消缺及时率偏低的情况，他主动和部门生产技术分部沟通协调，从缺陷的报送、分类、派工安排、逢停必修、典型缺陷分析、滚动管理缺陷等环节介入，力求在2013年使部门缺陷管理水平再上一台阶。

2013年3月，110千伏某变电站2号主变502开关因故障烧毁，导致10千伏2M母线失压，造成较大范围停电。从当日凌晨2点接到抢修任务电话，直到晚上10点抢修任务结束，冯普俊在抢修现场连续指挥作战20小时。恰巧那段时间他腰痛的毛病又发作了，为了不使同事分心，他强忍着锥心的腰痛20个小时，没说一声苦，没喊一句累。直到完成抢修任务后，同事们才察觉出他的不对劲，赶紧送往医院。一连好几天他都直不起腰，之后的半年内必须依靠针灸理疗缓解疼痛。

从事变电工作32年来，冯普俊改良过60多种设备，发明了30多种检修工具。2010年4月，冯普俊被评为全国劳动模范。2013年，冯普俊劳模工作室挂牌成立，他开始组织和带领工作室成员从事技术创新项目，自主研发“GW4隔离开关触指拆装工具”“简便拆卸式吊装工具”等科技攻关项目，利用技术创新为企业创造经济效益，十余项科技项目分别获得全国电力职工技术成果、南方电网和广东电网职工技术创新等奖项。2019年，冯普俊带领支部党员以“一种高压柜母线室在线监控和测温装置推广”为题目，开展书记项目研究，实现对发热部件进行实时监测，及时消除故障隐患，使电力设备的事故减少到最低。同时，他还培养了一批技术过硬、执行力强、有担当的技能人才，为企业带来实实在在的效益。在他的带动下，江门供电局的许多普通班员实现了由高中、中技到大专、本科学历的提升，并且取得了技师技能鉴定资格。近年来，在他的感染下，更是有三名研究生主动申请定岗变电检修专业，为生产一线的专业吸引来了更多高素质人才。

从身处困境到事业高峰，从初出茅庐的一名中技工，到集国务院特殊津贴专家、南方电网感动个人和南方电网个人一等功等荣誉于一身，冯普俊的经历完美诠释了“中国梦·个人梦”的定义。冯普俊始终认为：自己就是一个平凡普通的检修工人，多年以来只专注做好变电检修一件事，过去是，现在也是，将来依然是。只要企业需要，他仍然能够像三十多年前那样，在车间的藤椅上，研究喜爱的设备，奉献无悔的人生。

（撰稿：樊慧慧、陈婷）

以匠心铸品质

关华深，2005年参加工作，2011年入党，现为江门供电局基建部变电工程专责。多年来，他以扎实的专业技术和爱岗敬业的精神，身先士卒，攻坚克难，高标准，严要求，带领项目团队完成了糯扎渡直流工程等多项重大工程的管理任务，实现建设全过程安全、质量“零事故”。2015年荣获国家特高压专项工程突出贡献表彰，后被评为中央企业劳动模范。

2015年，国家人社部和国务院国资委联合发文，对广东电网江门供电局基建部变电工程专责关华深在特高压专项工程中作出的突出贡献予以通报表彰。在通报表彰的15人中，关华深是全国唯一一个获此殊荣的地市供电局人员。

成绩背后，凝聚着关华深扎根在基层、十年磨一剑的智慧和心血、拼搏和努力。

2005年，关华深自东南大学研究生毕业后，就一直在供电局的基层锻炼，认真学习专业知识，积累了不少实践经验。同时，他思想上积极进步，经过党组织的考察和培养，于2011年成为一名光荣的共产党员。从入党宣誓的那一刻起，他便更加坚定信念，要积极工作，不辜负党和国家。

2011年，南方电网第一号重点工程——糯扎渡直流工程正在建设。关华深主动请缨，主持这个工程部分项目的建设。500千伏江门变电站改造扩建工程作为糯扎渡直流工程配套项目，这是南方电网有史以来规模最大、最复杂的变电站改造工程。该站承担着江门几大区域的用电需求，一旦停电，对城市影响极大。在停电时间有限的情况下，关华深发现由于设备老旧，很多设备的厂家资料不全，如果不能停电测量设备尺寸，就只能根据经验进行预估。为此，他准备了几套方案，全面考虑可能出现的所有问题，最终成功驳接了不同厂家的GIL新母管与主变旧油气套管，这在国内尚属首例。按照可研和初设报告，在江门变电站改造期间，两台主变需要同停一次，损失电量超过千万度。关华深和他的同事们经严密论证，提出新方案，巧妙利用新旧设备接入运行线路，实现站内改造不停电的目标，直接电网负荷损失为零，创造了巨大的经济效益和社会效益。

此后，关华深又带领团队完成了两个核电工程——台山核电和阳江核电的接入系统工程建设。其中，被称为电网版“乾坤大挪移”的台山核电接入系统工程，需同时调整多条500千伏线路线行，不仅要避免交叉穿越，还须调整变电站内运行间隔等。工程施工复杂、难度高，直接关联台山电厂功率输出。针对这种情况，关华深提炼出了调整运行间隔的实践方法，成功解决了“乾坤大挪移”问题。这次的经验也成为范本，被多次在不同场合宣讲和推广。

阳江核电一期接入系统工程，则直接关联国家重大项目阳江核电站的清洁能源输出，停电时序复杂，难度同样不小。为配合阳江核电机组冷态功能试验，工程需要在不到110天的时间里，在运行站内新建500千伏变电间隔，在青赔协调难度大的地区上建设2条长达122公里的500千伏线路。“所经地段多为山地、丘陵，多数塔位位于高山上，材料和设备运输困难，沿线与线路、高速公路、输油管道交叉跨越众多，因此跨越点选择难，施工难度大。”关华深说。于是，他带领团队不分昼夜，有时驾驶工程车一个月跑工地超8000公里，被大家调侃为“车轮上的项目部”。无数次往返现场，无数个方案讨论，通过精心制定交叉跨越方案，合理选择塔位，在林区采用高跨设计等，有效推动了工程实施。

阳江核电一期工程原计划于2013年12月30日投运，其中500千伏鳌狮甲乙线线路长度达140公里，需配置500千伏高抗。在工程投运带电前的8小时，作为技术出身的项目经理，关华深三更半夜还在忙碌，顾不上休息——因为多年工程经验积累使他敏锐感觉到，当时很少有500千伏高抗投运成功，有可能是存在参数或接线出错问题。他对照图纸和厂家资料，反复核算，发现高抗配线存在问题，若接入系统将会导致CT过流和500千伏开关跳闸！刻不容缓，关华深立即联系南网总调主管共同核实，确认接线问题后，他们立即安排厂家人员和施工单位重新接线和试验，并联系运行单位验收。8小时后，设备带电，充分验证了关华深的想法是正确的。这一力挽狂澜的操作，使得工程投运如期进行，不需要延迟，兑现了承诺。

在阳江核电配套500千伏恩平开关站工程中，他们发现工程常用母线的载流量远低于实际最大工作电流，无法满足要求，这就像人的血管如果堵塞了，会大大影响健康。于是经过多方对比、计算，最终使用了Φ300/270的硬管母线，这也是该款母线在南方电网500千伏变电站中的首次应用。同时，关华深从实际出发，全面开展现场精益管理，提炼出施工各阶段不同的5S管理要求与规范，使要求更具可操作性，最终该工程成为南网基建领域首个5S试点，经验在全网推广。此外，500千伏恩平开关站工程荣获南网优秀设计二等奖和广东电网样板工程第一名。

● 2015年6月，关华深（中）在500千伏恩平开关站检查现场施工作业票应用情况

担任项目经理以来，关华深曾连续九年未休年假；2013年春节期间，为确保圭峰变电站间隔调整工程万无一失，虽然心中牵挂着在医院抢救、危在旦夕的父亲，但整个春节关华深还是坚守在办公室和圭峰变电站；在一些项目攻关阶段，他经常以工地为家，最忙碌的那半年，关华深的双胞胎儿子有12个周末陪着关华深在离家130公里的项目部度过……但是，关华深觉得这些付出都是值得的。“我相信办法总比困难多，只要全力以赴，最后一定能胜利完成建设任务。”

2015年7月，关华深劳模工作室成立——这是南网基建领域唯一一个以项目经理名字命名的工作室。关华深认为，抓好工程管理，不能单纯依靠传统手段，要通过创新思维，进一步提升工程管理效率。工作室运用责任矩阵RM管理模式，将工作任务分配落实到每个成员，并制定角色、职责和工作关系的矩阵图形。

2017年，工作室开展输电线路3D造型辅助技术研究，使用无人机三维实景拍摄图像，绘制输电线路走廊3D立体图，展示线路可能遇到的树障、交叉、跨越等，预控黑点，探索不停电安全架线和施工。在220千伏孟槐变电站工程中，工作室开展了输变电工程施工现场环境控制研究，形成了一套《输变电工程施工现场环境控制管理指引》，还开发了管理系统软件，这些在国内电网企业均是首创。

成立至今，依托关华深劳模工作室平台支撑，江门主配网业主项目部积极开展科技创新、QC课题研究、管理创新及实践、7S劳动竞赛等，取得了“一种用于深基孔人工挖孔施工的装配式爬梯”等22项精益改善成果，在业内声名鹊起。2018年，关华深劳模工作室被南方电网公司通报表扬。2019年，关华深被聘为中国首批电机工程学会科学传播专家，积极传播电力科普知识。

在关华深看来，这些荣誉是党和国家对自己的肯定，更是党和国家对自己的激励。“未来的日子里，我将继续以高标准高要求做好工程建设，深刻学习并弘扬南方电网‘胸怀大局、迎难而上、自立自强、勇攀高峰’的昆柳龙精神，使自己无愧于共产党员的光荣身份。”

（撰稿：张婉婷、覃超一）

平凡输电工　不凡“孺子牛”

黄耀康，1986年参加工作，2003年入党，现任江门供电局输电管理一所输电线路六班班长。入职三十七年来，他一直奋战在基层一线，不论是输电线路的运行检修工作、应急抢修工作、专项特巡工作，还是创新创效工作，始终坚持严格要求自己，勤勤恳恳，任劳任怨，克己奉公，奋发有为，赢得了领导及同事的赞赏。2015年被评为广东省劳动模范。

中等个子，皮肤黝黑，拥有着输电线路工人典型外表的黄耀康，怀揣的是一颗对输电线路工作炽热不变的心。从十九岁入这一行起，黄耀康三十余年如一日，无论炎热酷暑还是寒冬，他都坚守在输电线路工作第一线，始终以“孺子牛”精神来要求自己做事，用实际行动守护着电网的安全运行。

早年的黄耀康，就曾经参与到江门电网重大工程的检修项目之中。2000年，江门500千伏沙江线开展带电整体升塔检修工作，该工作内容涉及提线、拉线、跨越高山河流等复杂操作。一基杆塔的整体升高，一般需要作停电处理。但由于升高的杆塔数目较多，且地区用电负荷较高，线路停电将导致严重的经济损失。因此，时任输电工区主任梁海波为了保证用电质量，决定采用带电作业的方式，对线路杆塔基础进行带电升高，并找来黄耀康研究本次任务的实施对策。面对工作难度高、任务重、时间紧的问题，黄耀康带领班组成员开展了大量的准备工作，查阅了大量资料，研究了许多带电升塔的成功例子，通过结合图纸，制定了一套详细的工作计划，做到组织有序、分工合理，作业过程安全、标准、流畅，后勤保障有力，给领导吃下了“定心丸”。经过艰苦奋斗，班组最终出色地完成了组织交代的任务，将沙江线的基础整体升高了2米，最高达到3米，保障了江门地区的用电质量。

凭借着历年积累的工作经验，黄耀康担任了多年输电线路班组长，主要负责江门各电压等级输电线路的运行检修工作、应急抢修工作以及专项特巡工作。无论是检修还是验收，输电线路班组人员都需要在平均50米高的铁塔上、在距地面几百米高的导线上工作，因此他们被当地群众誉为“空中飞人”。黄耀康和他带领的“空中飞人”们，就这样坚守在横跨高山、泥沼、河流等复杂地段的输电线路上，用高空检修的“绝技”守护着万家灯火。

2010年12月，江门500千伏江西乙线5号塔上绝缘子爆裂，情况紧急，需要马上更换自爆绝缘子，黄耀康带着检修班班员迅速出发抢修。当时正值冬季，天气寒冷，黄耀康带着班员爬到山顶时已经中午12点了。由于迎着寒风爬山，黄耀康和班员们的脸都已经被冻得没有了知觉。铁塔很高，风很大，但是黄耀康坚持亲自带队上塔抢修，难度非常大。完成更换绝缘子的工作任务下塔时已经下午2点了，此时黄耀康和班员们全身都湿透了，又冷又饿，待他们返程后，下午4点钟才吃上第一口饭。过了一段时间，有电视台来江门供电局采访电力工人，向黄耀康咨询江西乙线5号塔抢修经过，黄耀康对着镜头说：“这只是我们输电线路工人平常的工作。”

一成不变不是发展之道，黄耀康深刻明白这个道理。为此，他在班组积极贯彻电力创新相关政策，组建了一支9人的创新团队。2016年，他带领团队经过反复实验，在原卡具不能完成任务的情况下，先是研发应用在500千伏耐张塔自爆玻璃绝缘子更换的绝缘卡板，随后又研发出用于带电收紧螺丝的绝缘梅花扳手。该成果的应用不仅大大缩短了带电工作的停电时间，降低经济成本，更重要的是能够将一般线路缺陷如引流板发热等消除在事故之前。经实际应用后统计，由引流板螺栓松动导致的发热缺陷，利用绝缘梅花扳手进行消缺的成功率达到100%。

● 2019年6月，黄耀康（左）在向新员工讲解输电业务技术要点

在创新成果取得优异的成绩后，黄耀康并没有停滞不前，反而愈战愈勇。接下来的几年时间里，黄耀康带领他的团队突破一个又一个难题，先后发明或改良了“一种新型轻便托瓶架”“带电收紧引流板螺栓的绝缘操作扳手”“绝缘卡板在更换500千伏耐张塔自爆玻璃绝缘子的应用”“改造液压机，实现一机多用”“铁塔扶正工具研发及应用”等众多与电力生产相关的工器具，获得了南方电网公司和广东电网公司一个又一个奖项。作为创新团队主力之一的欧阳云辉曾说道：“黄耀康对于工具的发明使用有很强的洞察力，有时在现场找不到的工具，他总能用其他东西改装代替，让他搞发明创新，领导真的选对了人。”

“好手艺，不怕外人学；好技术，绝不留一手。”黄耀康不仅带领自己的团队在创新工作中不断进步，同时他还注重培养新生力量。在培训新员工方面，黄耀康注重因材施教，充分利用自身技术优势，积极配合做好公司技术培训以及考评工作，努力实现“传、帮、带”。作为江门供电局的内训师，黄耀康将劳模创新工作室作为“培养皿”，为单位员工提供电力文化培训、技能培训，以“师带徒”的形式，手把手教学、面对面交流，帮助每一位入企的新员工更快地掌握岗位技能，争取为企业培育更多的先进人才和技术能手，造就一支综合素质高的“工匠队伍”。线路六班的谭俊升曾回忆道：“黄师傅在教我时总是非常认真，把线路检修的常见故障都给我解释了一遍，必要时还通过画图直观地告诉我，生怕我不懂。”

在许多人眼里，黄耀康的众多荣誉，已经是这份工作对他的肯定，但是黄耀康却对班组成员说：“我做的事都很平凡，所做的事也很日常，干我们这行的一定须要耐得住寂寞，才能学有所得、做有所成。”三十多年来，黄耀康一直秉承着踏踏实实做人、勤勤恳恳做事的理念，如同一头不辞劳苦的“孺子牛”，为电网的安全运行和城乡的万家灯火而默默耕耘、努力付出。

（撰稿：麦世韬、苏金海）

柔肩也有硬担当

关俊峰，2003年参加工作，2008年入党，现任江门供电局基建部第一业主项目部项目经理。近十年来，她率军一线、攻坚克难，在男性占绝大多数的施工管理领域屡创佳绩；她心柔志坚、笃行不怠，是一朵绽放在钢筋水泥丛中的铿锵玫瑰；她踔厉奋发、建功立业，为电网建设奉献“巾帼力量”。2016年被评为中国南方电网公司“巾帼建功标兵”。

在人们的印象中，电力人用汗水拼搏，组立起一座座铁塔，架设着一条条银线——这样的身影仿佛只与男性有关。关俊峰却“巾帼不让须眉”，作为业主项目部项目经理，多年来她凭借女性的细腻与聪慧，对电网工程每一个细节严格把关，打造出了数十个精品工程，用实力打破业主的质疑，闯出了自己的一片天地。

关俊峰从2003年开始参加工作，一开始从事变电配电的大修技改工作。“我学的是工程管理专业，希望能学以致用。”因为这样一个念头，2013年，关俊峰通过竞聘上岗，当上了江门供电局主网业主项目部项目经理，也是该局第一位女项目经理。一时间，质疑的声音汹涌而来，然而她没作过多的解释，她知道要站稳脚跟，必须用实力说话。

就在这一年，她开始接手220千伏良村输变电工程。该工程早于2009年开工建设，却因为拆迁青赔阻力巨大，多年未能投产。关俊峰既要啃下青赔这块“硬骨头”，还面临着对新岗位规章制度不熟悉、与村民谈判语言不通等问题。

“办法总比困难多。”关俊峰跟自己较上了劲，下定决心一定要把这个项目做好。她一次又一次地耐心协调各方商讨工程实施的问题，几乎每天都往工地现场跑，“晴天一身土，雨天两脚泥”成了她的家常便饭。白天跟老师傅跑现场，跟施工单位、村民沟通协调，晚上还要学习规章管理制度，研究施工方案。关俊峰没少熬夜，但也正是这段充实的经历让她迅速成长起来。最终，在关俊峰的组织协调下，220千伏良村变电站工程的青赔问题得到有效解决并于2015年顺利投运，有效缓解了江门市棠下镇、荷塘镇的用电需求。

如今提起关俊峰的业务素质，同事们无一不竖起大拇指。她担任项目经理以来负责的多项基建工程，均获得广东电网公司“安全、优质、文明”样板工程称号，其中江门220千伏孟槐（大槐）输变电工程还被评为南方电网公司优质工程。她还在基建配网中改进装配式混凝土预制基础，参与220千伏雁山变电站B类刀闸改造更换工程建设技术创新等，多次获得广东电网公司技术改进贡献奖。

2018年5月，关俊峰（右二）到现场验收项目

关俊峰在项目管理上有自己独特的方式。在她看来，项目经理是整个项目的“纽带”，而女性细腻的特质，可以让这条“纽带”的作用发挥到极致。

2021年，关俊峰担任广东省重点建设项目220千伏盘允（东甲）输变电工程项目经理，该工程涉及蓬江、新会两个主城区的网架结构调整，包括11个对侧站改造，施工点多，工期紧，现场安全管控难度高，物资处理高达700多条。这是关俊峰担任项目经理以来，负责的技术方案最复杂、改接变化最多的一个工程。为保证项目顺利开展，审查图纸、采购物资、停电协调等每一个环节，关俊峰都一一进行把关，一刻也不敢马虎：“我既是党员，又是项目经理，一定要把每一项工作做细做实。”

其后，220千伏盘允（东甲）输变电工程自筹备阶段起先后优化设计方案3次、更改效果图5次。每一次变更，关俊峰总是耐心细致做好设计和审核工作的衔接。正是她的认真细致，发现了设计单位在材料申报阶段误把某一项材料的单位“米”看成了“千米”，错误得到及时纠正，避免了因材料问题而耽误施工进度。同时，在项目的前期准备阶段，关俊峰就提前与当地政府、村委沟通，利用休息时间上门走访群众需求，及时解答征地过程中村民提出的疑问。开工前，关俊峰更是花费了近一年的时间，多次调整变电站和线路设计方案、工程施工方案，通过近20次的沟通协调，最终获得群众的支持，确保项目的顺利开展。

作为第一业主项目部的“主心骨”，关俊峰深知责任重大：第一业主项目部在2017年已被评为南方电网五星级班组，每年还要进行复审。于是在做好项目管理的同时，她还特别注重团队成员的成长。项目部几名同事，都是从变电、输电专业转岗到项目管理岗位，关俊峰便结合各自的专业专长，做好分工安排、业务指导，让其融入项目管理，参与各阶段工作，尽快完成由生产者到项目管理者的角色转变。在关俊峰的带领下，第一业主项目部南方电网五星级班组称号一直保持至今。该项目部工程物资准确率、施工完成进度等指标，位居江门供电局5个业主项目部之首。面对取得的一系列荣誉，关俊峰谦虚地说：“活都是大家一起干的，没有他们，是不会取得这些成绩的。”

从事基建项目管理以来，关俊峰已经负责了20多项工程。对此，她深感自豪：“看到那一座座落成的变电站和纵横的线路，感觉这些项目建设的背后也有我的一份力量，这就是我最开心的事。作为一名电网建设者，也是一名党员，我将继续做好电网建设，更好地为地方经济发展做好服务。”

（撰稿：叶慧雯、张婉婷）

做继电保护的行家里手

吕义科，1987年参加工作，2000年入党，现任江门供电局变电管理一所继保自动化一班班长。他三十六年如一日，凭借着一股对工作的执着与热情，一直坚守在继电保护岗位上，刻苦钻研，以过硬的技术、丰富的经验、精细的管理和奉献精神，成为江门继电保护领域的“顶梁柱”，并为企业带出了一支优秀的技术团队。2013年被评为中央企业劳动模范。

“继保有难题，找乐叔！”这句话在江门供电局继电保护专业为大家熟知。在江门供电局，吕义科因为时刻向青年员工传递快乐工作的理念，被大家尊称为“乐叔”。参加工作三十五年来，他一直坚守在继电保护岗位，扎根一线班组，立足本职，爱岗敬业，勤奋工作，务实创新，靠过硬的技术、丰富的经验、精细的管理和奉献精神，凝心聚力，带出了一支优秀的团队，被誉为江门继电保护领域的“顶梁柱”。

吕义科刚加入继电保护工作队伍时，只有中专学历。但多年来他不断地钻研新技术、新工艺，苦学苦练，终于练就一身精湛的技术。如今被称为“活图纸”的吕义科，在新站验收、定期检验中总能通过蛛丝马迹敏锐地发现巨大隐患，将问题消灭于未发。2010年10月，在对新建的500千伏圭峰变电站进行验收时，吕义科实打实干，不做表面功夫，重点关注CT、PT根部螺丝的安装工艺，仔细检查柜顶小母线有无虚接、相邻太近等隐蔽问题。在检查时，吕义科发现2号继保小室直流系统正、负对地电压相差2伏，这一看似不大的区别在一般人看来属于正常，然而吕义科以他多年丰富的经验，判断新站正、负对地电压不平衡的表象表明该直流系统中存在绝缘低的问题，如若忽视，投运之后将面临保护装置拒动或误动的巨大风险。经过检查，果然发现在CT SF_6气压低告警回路上存在绝缘低的问题，施工人员在他的协助下解决了问题。

2011年4月的一个深夜，220千伏礼乐变电站220千伏母差保护一间断出现了“TA差流异常”缺陷，该缺陷具有重大隐患，如不能及时分析原因并解决问题将可能导致严重事故。在初步分析无法明确缺陷原因的情况下，“继保有难题，找乐叔！”同事即刻给吕义科打电话。吕义科接到电话后立即冒雨组织抢修人员到位，凭借娴熟的专业技能快速确定故障所在，确定是由于1号主变变高A相开关CT地基下沉，二次电缆受拉压线芯绝缘损坏造成母差保护组CT多点接地，他指挥人员冒雨将故障消除，使保护快速投入运行，同时避免1号主变区外故障时发生保护误动的意外，受到了领导的好评。“苦点累点，只要设备安全可靠运行，我们的付出都是值得的。”

解决继保难题，不仅要靠个人的丰富经验和精湛的专业技术，也要靠创新。在一次定检时，线路发生了直流绝缘异常的情况，吕义科面对巨大压力，沉着冷静，凭借丰富的经验逐个排查回路，最终定位到了故障点，解决了问题。这次经历，让吕义科产生了一个想法：能否制作一个在定检时可以辅助高效定位直流绝缘异常故障点的检测设备呢？结合自己的丰富消缺经验，吕义科开发了一种“新型二次回路绝缘检测装置”。此后，定检中如果再次遇到直流绝缘异常故障，年轻员工也可以高效查找直流绝缘异常故障点。此外，针对如何在验收时高效实现操作箱继电器快速检验与提高检测精度这一难题，他还开展了“智能型操作箱继电器测试仪”项目的研发工作，该项目在实际应用中得到同事一致好评，极大提高了工作效率，获广东电网有限责任公司职工技术创新二等奖。

“创新，不仅要靠自己，也要集思广益，带动青年员工一起创新。”吕义科这样想。然而，在与青年员工的聊天过程中，吕义科发现青年员工中存在“基层无创新”的观点。在参加某次主题党日活动时，吕义科听到大家热烈讨论并积极分享看法。正在为如何扭转青年员工创新思维、支持

2013年11月，吕义科（中）在指导新员工看图纸

青年员工创新工作烦恼的吕义科产生了一个新的想法：能不能把吕义科劳模工作室与继保自动化党支部活动结合起来，在整个专业层面促进创新工作，通过跨班组老师傅们分享创新项目来源于实际工作的案例，激发青年员工创新思维想法，给大家提供一个创新交流平台？他心中一喜，立即跟继保自动化党支部委员会进行了探讨，最终确定利用继保自动化党支部的工作经验，以劳模工作室为切入点，结合支部“三会一课”“书记项目”等方式转变大家的创新思维。

吕义科鼓励青年员工在“三会一课”上说出自己的创新想法，给予他们在众多班长、专责、书记面前表现的机会，极大激发了青年员工的创新积极性。通过开展“超期服役改造”“镜山变电站智能试验培训场建设”等支部书记项目，“基层工作无创新”的思维定势得到扭转，青年员工在实际工作中有了创新的平台。党建结合劳模工作室的人才培养机制，为各个班组骨干提供一个专业层面的交流展示平台，其培养的人才呈现全面化特点，创新成果覆盖整个继保自动化班组，涌现了“一种新型出口压板插针式试验夹”“试验端子密封隔离夹子的研制”等十几个优秀作品，多名青年员工助力IQQC发布，在国际舞台上展现创新力量。吕义科劳模工作室在三年间完成项目31项，申报专利31项，获得授权专利19项，其中多个创新成果获得南方电网公司和广东电网公司奖励及推广应用；连续多年获得“广东电网公司优秀创新工作室”“江门供电局优秀创新工作室”等光荣称号，记南方电网公司集体三等功一次。

看着青年员工们从“基层无创新”成长为创新主力，吕义科感到很欣慰。他明白，无论是创新工作还是继保工作，个人的成就终究易逝，唯有提高整个继保团队的整体素养，才可以夯实基础。于是，他积极主动教导青年员工，传授工作经验，培养出一批批继保专业技术过硬的继保专业人才。吕义科的多名徒弟在南方电网公司和广东电网公司技能竞赛中获得佳绩，被评为中央企业青年岗位能手、南方电网公司技术能手、江门市技术能手。他们在继电保护的重要岗位上发挥着重要作用，为江门地区乃至整个南方电网电力系统的安全可靠运行作出贡献。

继电保护设备是电网的故障“防波堤”，继电保护工作人员则是“电网里的守望者”。“乐叔”吕义科，正是这么一名刻苦钻研、务实创新、注重传承的“守望者”。“做工作要干一行，爱一行，专一行，精一行。”这是吕义科在指导提点后辈时经常说的一句话，也是他始终践行的人生信条。

（撰稿：王诗蔓、李杏宇）

砺志笃行　智达高远

何南生，1999年参加工作，2004年入党，现任开平百合供电所配电中压运维班班长。自入职以来，先后在东山、大沙、百合供电所从事线路运维和农网改造工作，在长期的基层实践中，他敏思笃行，逐步成长为技术能手，并于2016年成立创新工作室，共有16个创新创效项目在业内得到推广应用。2021年荣获中国南方电网公司“五一劳动奖章”。

“吃苦耐劳、踏实肯干，一定会有收获。吃苦的青春不要怕，它是一杯酒，越久越醇香，越老越值钱。”何南生曾这样回顾自己的青春。二十多年来，他历任运维班员、安全专责、线路运维班班长等职，从一名初出茅庐的农村电工成长为技能专家，并创立网公司级配网技能专家工作室，何南生的经历看似平淡，却又不平凡。

1999年，何南生入职开平供电局后，便被分配到离市区40多公里的东山供电所，承担高低压线路维护、抄表收费、用户急修等工作，同时还承担供电所正在进行的大规模农村电网改造施工工作。当时，东山镇（后并入开平赤水镇）位于开平市西南部，地势复杂、山峦重叠，加之偏远山区施工条件跟不上，电力工人登杆用的是踏板，立杆用的是人力绞磨机，给农网改造增加了难度。因为所里加起来不到10人，何南生既是施工人员也是运维人员，还兼顾着抄表、收费的工作，白天建设施工，晚上抄表、收费，遇上应急抢修更是一刻不能耽搁，最累的时候能在田基上睡着。就这样，何南生和同事手抬肩扛，硬是把一根根沉重的水泥电杆立在高山密林中。一年时间里，所里立的电杆数量达到了1000杆。这段经历也为何南生积累了宝贵的经验，对于不同的地形应该采取怎样的立杆方式，他都了然于胸，甚至开始琢磨怎样提高立杆效率。

日复一日，何南生在边远的山区一干就是五年，直到东山镇农网改造完成。一条条崭新的电力线路、一台台新型变压器，让横洞、上洞、合水塘等偏远的村子从此用上了“放心电”，风吹灯黑、雨浇灯灭的日子一去不复返。这段日子对于何南生来说，很艰难，但也很快乐。“我们用心付出，村民们都记在心里，他们淳朴、热情，为我们送水送饭，就像亲人一样。”这些年，何南生回到当时工作的村子里，不少村民还能认出他来——那个“背着白色电工袋经常上门检修、收电费的电工小哥”。

2009年，广东电网公司正式接管开平大沙镇供电业务。大沙镇山高树茂，自然资源丰富，但在高山斜坡立塔和密林间敷设新线路一直是个老大难题。何南生因技术技能突出，从开平的西南山区调到了西北山区，参与大沙电网接管和改造。有了前十年的经验积累，何南生这一次更注重施工的方式方法。他主动承担技术难题的攻坚，带领施工队伍驻扎在大沙镇。为了研究施工方案，何南生几乎“住”在户外，他的妻子常笑他晒得像个野人，当他时隔好几个月回到家中想抱抱两岁的女儿时，不止一次把女儿吓哭。经过连月的摸索实践，他分别提出单抱杆主材全条组立10千伏铁塔、特制滑车从旧电网10千伏线路上带放新线的施工方法，将施工速度提高了一倍。

打铁还需自身硬，何南生坚信创新必须在丰富工作经验的基础上多着眼小处，看到别人看不到的细节，最终才能破茧而出，成就大器。长久以来，他投入大量精力学习，经常关注作业现场的微小改善，敏锐察觉到技术创新对生产工作的重要性。比如同事们在施工中通常会在登杆脚扣上捆扎一小段铝扎线，以防止雨天登杆滑脱。但这种“土方法”仍存在极大的不稳定性。为了改进这项工作，他研制了第一个小发明——“防滑型多功能脚扣”，很快这项小发明就斩获了2017年广东电网公司科学技术创新奖二等奖。常年的一线工作经历让他积累了丰富的工作经验，更明白了研发创新的重要性。他带头开展的“防卡线滑车研制项目”“0.4千伏导线L型

2020年9月，何南生（中）为开平供电局青年员工培训实操技能

压接式接线管研制”“新型带电清洁吸尘器研制”“多功能电杆组立技能模块研制”等16项职工创新项目在行业中得到广泛的应用，节省了生产成本，也为电力生产安全作出了较大的贡献。

在磨炼中成长，在感恩中反哺。通过虚心请教和自学精进，何南生获得配电线路高级技师、电力工程师、广东电网公司操作能手、南方电网公司技术能手等称号。2014年起，何南生逐渐从学徒向师傅的角色转变，走上授业解惑的道路。“师傅说提高技能没有捷径，唯有一遍又一遍地练习。”大沙供电所员工杨雄志2016年参加广东电网技能“比武”，作为新员工的他，在何南生的指导下最终跻身全省前十。“不断练习，把技能练成肌肉记忆，把技能变成本能。”这是何南生总结的经验。2016年，何南生技术能手工作室正式挂牌成立，带领青年团队在创新创造的路上越走越远，先后获得“江门市劳模和工匠创新工作室”“广东电网公司优秀工作室”“南方电网公司三星级工作室”等荣誉称号。

作为创新工作室的负责人，何南生在科技创新、解决设备故障查找难题、QC发明创造、人才培训培养、旧工艺旧方法改进方面起到了“领头羊”的作用。在他的带领下，工作室在科技创新和人才培养方面做了大量的工作，并取得了骄人的成绩，在短短三年时间内获得国家专利38项。除了对项目的研发，工作室更注重人才的培养，该工作室成员先后获得广东省技能大赛个人一等奖、广东省技能大赛团体一等奖、南方电网公司“五一劳动奖章”等荣誉。

对何南生来说，为家乡做好线路运维是他最引以为豪的工作，他始终兢兢业业，始终发扬冲锋在前、勇挑重担的精神，将守规尽责和精益求精展现得淋漓尽致，为广大运维人员树立了很好的榜样。“青年人思维活跃，是企业发展的生力军。希望我的工作经验能成为青年员工发明创新的一点助力。”何南生在一次新员工培训上说，“我们的青年员工要不怕吃苦，沉下心来专注工作，就是最好的爱国爱企。”

（撰稿：陈小骞、何婷婷）

锲而不舍　不负韶华

徐炎斌，2005年在校入党，2011年参加工作，现任江门供电局变电管理二所高压试验一班班长。自入职以来，他躬身实践、潜心钻研、攻坚克难，以扎实的化学专业知识填补了高压试验专业油气化验的短板，改良、发明10余项设备，提高了工作质效。2018年被评为中央企业技术能手和中央企业青年岗位能手，2022年被评为广东电网公司劳动模范。

“除了高压试验，化学方面油气化验那块……连色谱分析仪器怎么使用都不熟悉啊！”师傅无奈的言语、空洞的神情，像刺一样扎进了年轻的徐炎斌心里。

2011年7月，应用化学专业的徐炎斌研究生毕业后，就来到了江门供电局高压试验班工作。当时部门没有专门的化学班，油气化验工作由高压试验班代管，油气化验基础相对薄弱，很多技术还需要自己摸索。工作不久，徐炎斌陪同老师傅到站开展耐压试验时，才知道师傅虽然是资深的高压试验工，但由于班组长期没有化学专业人员，因此在油气化验方面大都属于“新人”，连油色谱分析仪这样简单的操作也难以完成，这让当时还是新员工的徐炎斌大受触动。

从那以后，徐炎斌在负责油务工作时就特别留意班组的老师傅们，在做好本职工作之余主动为他们送去更多帮助，同时也利用更多时间去进修高压试验领域。耐压试验仪要怎么放电操作、绝缘检测需要记录哪些数据、试验仪器损坏了要尽快维修……班组的所急所需，徐炎斌逐一攻破。为了更好地帮助老师傅，他定期开展技能培训，每次培训都耐心讨论指导。老师傅把徐炎斌总结的小技巧黏贴在工位上、放在键盘下、贴在班组文化墙上，工作中遇到各种各样的困难都来找他，徐炎斌成了名副其实的“百科全书”。

技能逐渐炉火纯青的徐炎斌扛起班组发展的大旗，他以班站为家，把解决班组的“急难愁盼”当作自己最重要的任务。成为高压试验班班长后，担忧老师傅有事联系不上他，徐炎斌保证手机24小时开机。忙的时候甚至一天工作20个小时，住在班组熬夜通宵，他都坚持下来了。经过长年累月的学习和钻研，他不仅扛起专业技术总负责的担子，更凭借着突出的职工创新技能，挑起了部门创新的大梁。

2018年，在多次处理设备绝缘缺陷的过程中，徐炎斌发现很多高压开关柜里的“主心骨”——母线这类隐蔽设备绝缘放电情况很难被发现，待迹象明显时为时已晚，损害已不可逆转了。凭借着多年学习的经验，徐炎斌决定从声光电学的联系中寻求解决办法。他利用业余时间大量翻阅物理学

● 2022年10月，徐炎斌（右前一）向青年员工介绍职创成果

相关图书，半夜三更一人独守实验室已是家常便饭，遇到实在搞不懂的更是拜师学艺，请求大学相关专业导师进行在线指导。慢慢地，“听声定位绝缘放电”高压柜带电检查方法逐步走进了大家的视野，而绝缘放电的异常声音也逐渐引起徐炎斌的“密切关注”，而这也是他被称为“顺风耳”的由来。

“听声定位绝缘放电”高压柜带电检查方法，是通过现场采集开关柜运行的声纹曲线，跟前期梳理汇总的标准曲线比对，来确认缺陷情况及位置的。为了准确获取不同的设备运行声纹，徐炎斌带着工作室成员利用工业级声波采集仪器走遍所有高压室，依据高压柜厂家型号，梳理汇总成电子手册，其中涵盖了所有主流厂家型号。此外，他还经常随身携带声纳仪和笔记本电脑，一有机会进入高压室就开始采集声纹纪录，回到班组又加班加点地梳理汇总形成数据库，方便班组其他员工进行分析处理。经过不断扩大数据库，目前“声纹定缺陷法”的准确率已经达到95%，共发现缺陷4起，阻止10千伏母线失压数起，为实现不停电检测目标、提高供电可靠性、缩短用户停电时间提供了很大的帮助。

而在油气化验过程中，徐炎斌发现油皿和试管容器的绝缘油清洗是最常见的难题。“要是能研制出一种可代替人力清洗的装置，那这个问题就迎刃而解了。”他不断搜集资料，听取工作室成员的意见，多次调整试验。为验证压力传感器的灵敏度并积累第一手数据，他在工作室一待就是通宵，白天忙于生产、班务，就深夜调试设备；为验证方法的有效性，他利用部门大大小小近百余个油气化验皿重复试验。2018年，经历过大量实验后，徐炎斌主持研发的绝缘油取样瓶清洗机装置终于诞生，初步实现了自动清洗、烘干器皿等功能，适用于主流常用器皿，可高效完成绝缘油取样瓶清洗，创造了数十万元的经济效益。在一次220千伏台山变电站1、2号主变油色谱分析试验中，为了进一步确认变压器油的缺陷，班组使用了几十个器皿最终解决了缺陷，可事后看着那一堆玻璃器皿，大家的眉头都不禁皱了起来，此时徐炎斌搬来绝缘油取样瓶清洗机装置，半小时就把全部器皿洗得干干净净，让班组的成员叹为观止。2021年，徐炎斌主持的“绝缘油取样瓶清洗机装置”项目获评“全国能源化学地质系统优秀职工技术创新成果三等奖”“南方电网公司职工技术创新奖二等奖”“广东电网公司职工技术创新一等奖”。

徐炎斌从事变电高压试验工作12年，基于丰富的一线工作经验，改良、发明10余项设备，助力部门安全生产工作开展。最近几年，徐炎斌被评为央企技术能手、央企青年技术能手、广东电网劳动模范。不仅如此，不少部门青年人才主动申请加入徐炎斌技术能手创新工作室，在徐炎斌的带领及培训下，部门的许多青年职工在国家以及广东省的职工创新发布会中成绩斐然，3名青年职工更获得广东省职工创新初级培训师资格。徐炎斌技术能手创新工作室也被评为广东电网优秀创新工作室。

（撰稿：李佳琪、李嘉鸿）

为电网巡检插上“翅膀”

陈益平，2004年参加工作，2009年入党，现任江门供电局输电管理二所监控班班长。入职以来，他以高度的责任感和使命感，勤于学习，善于思考，不断创新，持之以恒地推动无人机技术在输电作业中的应用，实现了由“人巡”向“机巡”过渡的有序衔接，大大提高了输电作业的安全水平和工作效率。2017年荣获江门供电局首届“十大工匠”称号。

2006年，一场雷雨导致江门台山多条线路跳闸。其时，输电作业班人员在深山里从天未明检查到夜已深，足足爬了26基水泥杆，才终于找到线路故障点。艰辛的巡查与满身的疲惫，让刚入职两年的陈益平产生了思考：“这样的工作太辛苦了，我一定要找到一种方法，改变我的工作！”

2007年，出于兴趣和探索心，陈益平开始接触航模并设想将其带入输电工作。由于当时的航模操作难度极高，没有经过专业培训的陈益平，只能利用工余时间，通过自学和每日不断地练习，才慢慢掌握了航模作业的技巧。

见陈益平这种“投机取巧”的作业方式，有人觉得这小伙子不踏实、想偷懒，并且觉得这种方式也“不靠谱”，根本就是糊弄团队，甚至还有老师傅单独找到陈益平，劝他“放弃歪门邪道，回归正途”。但陈益平始终相信这是一条正确的道路：“我一定要做出成效来给大家看。”不过，由于航模操作难度大，自行制作的作业机没有制式化，航模应用还是局限于很小一片范围，难以普及。

时来运转，2013年，无人机开始在市场上逐渐取代航模，陈益平发现，这种新型设备可以说是航模的进阶版，良好的飞控系统降低了对飞手操控水平的要求，自带的机身云台能够满足输电作业的需求。看着眼前的无人机，陈益平感到，输电作业方式变革的机会来了。在利用无人机出色地完成一次故障点查找工作后，陈益平向时任江门供电局输电部副主任黄健光汇报了工作，提出了自己的想法。听到无人机作业这样新颖的概念，黄健光主任表示非常支持，当即同意下拨经费，供陈益平作进一步的研发使用。

2014年，在单位的支持下，陈益平牵头成立了“鱼鹰”无人机研发小组，带领团队一起探索研究无人机在输电线路中的应用。每天不管完成工作后有多累，他们都会坐到一起探讨，思想的不断碰撞让“鱼鹰”无人机研发小组有了无穷的灵感。研发进入关键时刻后，众人经常讨论到深夜，然后就在班组沙发上将就一晚，第二天一大早继续开展创新工作。功夫不负有心人，经过反复的理论研究与实际操作，陈益平团队研发出无人机通

● 2020年12月11日，陈益平（左一）向参观交流人员介绍各类特种无人机二次开发的思路

道巡视作业、精细化巡视作业等模式，输电工作开始由“人巡”向“机巡”过渡。

2015年，无人机作业开始在全网慢慢普及，但由于缺少相关的制度标准和作业流程，不少地方使用无人机作业时效率较低，设备经常损坏。“无规矩不成方圆，好的指引能提升作业效率，规避作业风险，有利于新的同志快速上手这个领域，对无人机事业的开展有重要意义。”认识到这一点，陈益平坐言起行，先人一步对无人机作业流程和作业安全区域进行规范管理。2016年初，他牵头编写了全省无人机作业指导细则、无人机作业指导书等，同年又参加了广东电网多旋翼无人机技能竞赛命题工作。至此，输电机巡作业步伐又向前迈了一大步。

2016年，为进一步推进机巡作业，陈益平将目光瞄向了机巡作业航线规划。这在当时是个大难题。因为输电线路位于深山，每一座杆塔都处在相似的山头，如果不能准确辨别作业的目标，无人机就容易迷失作业的方向。对此，陈益平提出了要利用地图软件的思路，但具体使用哪一款软件，众人心里没底，难以确定。陈益平只好采用硬试的笨方法，连续三天加班进行数据比对，一个人完成了团队一半的工作量。经过数据比对，研发小组最后选定了实景地图清晰级别很高的奥维地图，将线路坐标重新采集规划后，有效提升了无人机飞手的作业效率。随后，陈益平又非常顺利地完成了江门供电局220千伏及500千伏线路无人机精飞和粗飞建档工作，这些基础数据不仅方便了班组查阅，也成了线路检修项目立项的依据。

经过陈益平团队的努力，无人机技术终于成功应用于输电作业中，开创了先河。从此，江门供电局输电作业开始使用无人机进行日常巡视、监察巡视、精飞检查、工程监管、工程验收、现场勘查等，大大提高了作业安全水平和效率，在广东电网率先实现了南网“机巡+人巡”协同巡检的“十三五”规划。

在陈益平的带动下，输电管理二所越来越多的人开始对无人机感兴趣，并主动要求学习相关的操控技术。为此，陈益平主动承担起为输电二所培养无人机新飞手的重任，制定取证培训计划，建立无人机训练场地，利用空余时间培训了100多名飞手。目前，每班配置不少于5台无人机和5名取证飞手，基本实现无人机代替人员登塔巡视作业，避免了人员登塔高空作业的风险，提高了作业效率。他培养出的无人机飞手，技能基础扎实，水平过硬，在2020年参加江门市电力系统无人机巡检技能竞赛获得了团体第一名，在2020年、2021年代表广东电网参加网公司无人机竞赛，荣获二等奖和三等奖。

十多年来，陈益平勤于学习，善于思考，不断创新，持之以恒推动无人机技术在输电作业中的应用，并取得了显著成效。在他身上，我们看到了一名共产党员以身作则、率先示范的优秀品质，一名新时代青年勇于变革、乐于奉献的精神风貌。

（撰稿：朱轩辉、苏金海）

躬身深耕功自成

李礼兵，2009年参加工作，2014年入党，现任鹤山沙坪供电所副所长。自入职以来，他刻苦勤奋，甘于奉献，善于合作，精于钻研，锲而不舍地打磨自己，多次被评为央企、南网、省市级技术能手。牵头负责的营销创新工作室也屡创佳绩，取得各类专利13项，得到了组织的认可，更得到了同事的赞誉。2022年被评为电力行业供电安全增效益开拓工作者。

“刚开始我们并不看好他——毕竟一个高才生，心高气傲的，怎么会愿意扎根基层，做这些枯燥的工作？估计他很快就会叫苦、怕累。”对于从中山大学环境科学专业毕业的李礼兵，班组的有些师傅曾认为他在基层待不住。

2009年，李礼兵来到了鹤山供电局计量班，迎接他的是陌生的环境、全新的领域，所有东西都需要重新学习。但出乎所有人意料的是，李礼兵不但沉下心从基础做起，还刻苦钻研专业知识，他阅读了班组所有的专业图书，虚心向师傅请教，上网查阅专家技术分析报告。面对一些师傅们都放在一边的技术难题，他却拿起来研究个透彻。两年的时间，他从一个技术“小白”慢慢成长为技术专家，连师傅碰到难题都要找他商量。

是金子总会发光，积累足够便能强势爆发。2011年，他被选中参加中国南方电网公司“同心杯”为民服务创先争优营销服务技能竞赛。为了参加竞赛，他在复习题库的基础上，又给自己增加了复习的知识面。正是这样积极的态度、充分的准备，让他在竞赛中一举获得个人第一名。在短短的三年内，他就先后获得了中央企业、南方电网公司、广东省、江门市技术能手、青年岗位能手等称号，妥妥的一个“大满贯”。

2015年，李礼兵成为鹤山供电局团委书记。为了引导青工全面发展，他牵头打造青工成长工作室，帮助青年制定职业生涯规划，充分调动青工的积极性、主动性和创造性，定期组织大家一起头脑风暴，共同探索如何解决生产实际难题。青年人的迅速成长，也助力鹤山供电局在科技创新、精益项目、技能竞赛方面取得可喜的成绩。“他跟我们说，年轻人就该积极向上，去学别人不会的东西，去做别人做不到的事情。”青年员工杨景斌回忆道。

2016年，李礼兵担任雅瑶供电所副所长，又投入到了星级供电所建设之中。其时，该所正以自身“专业+精益+文化”班站所星级建设模式，注重指标驱动因素管控和精益改善，李礼兵和所里的同事一起，针对星级供电所评定中精益管理、创新评优的现状，组织开展精益管理讨论、7S管理讨论。在业务指标方面，针对低压故障平均复电时间、电费差错率、0.4

● 2017年夏，李礼兵（后右一）与青年员工开展职创项目研讨

千伏台区线异常率等短板指标，制定改进措施并每月监督，实现安全零事故、工单零超时、业务零投诉、集抄全覆盖、电费回收率100%。优异的成绩，最终也助力雅瑶供电所成为江门供电局首个五星级供电所，荣获南方电网公司集体二等功，李礼兵个人也入选南方电网公司班站所标杆星级评价专家库。

“技术能手不算什么，要发挥辐射带动作用，做到技术能手再带出技术能手。”李礼兵时刻不忘把奋进的思想和更好的技术带给更多的人。2018年，以他的名字命名的营销创新工作室挂牌成立，他立志要把工作室真正打造成为技术创新和员工成长的摇篮，将“创新创效、实训实践、成长成才、传承传播”的功能落到实处。带着这样的初心、这样的责任，他扎根工作室阵地，带领团队以业务难题作为创新课题，每年组织技术技能专家、青年员工进行研讨，成立课题组，解决营销客服中的工作难题。例如开展营业厅减负项目，开发客户编号快速查询软件，制作业务指引小册子和视频，引导客户通过微信公众号自助办理业务。针对统建客户更名过户业务，加强与开发商、物业的沟通，统建客户更名过户业务量下降90%

以上，有效帮助营业厅减负，营销创新工作室被评为全国质量信得过班组。

至2021年，营销创新工作室先后开展了“统建新装快速对户串户核对装置项目”“电能表试验螺栓和转换接头项目”等15个项目的研究开发，其中取得发明专利8项、实用新型专利5项，另获南方电网现场改善铜奖等8项省部级荣誉，并成功晋升为南方电网公司二星级创新工作室。同时，李礼兵还致力做好“传、帮、带”工作，通过项目培养营销专业技能人才，工作室成员中共有20人获得了职称或职务的晋升。

2019年，李礼兵调至沙坪供电所担任副所长。针对该所营销业务电费回收和线损异常处理两个薄弱环节，分别建立责任到人的工作机制。在新冠疫情影响以及上级“欠费不停供”等政策环境下，李礼兵和所里的同事分工协调，通过对电费结构进行分类，对欠费期数、金额比重等进行统计，协调解决疑难问题，实现欠费户数、欠费金额大幅下降，同时也实现了电费回收时间节点提前5天的目标。在降低线损异常方面，通过对异常台区进行监控、对异常原因进行分析，责任到人，结合自己工作经验，指引客户经理、用检人员进行现场排查以及异常处理，加强线损管理“两个比对”，完成对高线损线路、异常台区的妥善处理。最终，沙坪供电所连续两年在供电所标准化建设中排名前二。

“十年树木，百年树人。”十余年时间，也让李礼兵从一颗刚落地的种子，成长为能被人倚靠的大树。正如李礼兵所言：“工作中我始终信奉一个简单的道理，没有做不好的工作，只有不到位的责任，我相信把平凡的工作一千遍一万遍地做好就是不平凡。”

（撰稿：许湘粤、何婷婷）

奋战数字化　成就青春梦

陆庭辉，2010年参加工作，2017年入党，现任江门供电局信息中心副总经理。多年来，他怀抱着“技术改变世界”的初心，勤于钻研、善于积累、敢于实践、勇于探索，在数字化领域深耕不止、奋楫争先，为电网主营业务提供信息技术支撑，多次被评为中国南方电网公司、广东电网公司数字化工作先进个人，入选公安部网络安全高端人才名单。

“别人都想进调控中心，你倒选了个偏门，可不要后悔哟！”

2012年5月，江门供电局信息中心正式组建信息运维班时，刚定岗在调控中心的陆庭辉得知这一消息后，便立刻申请加入，有老师傅见此，这样对他说。

然而这位师傅不知道的是，这个偏门却是陆庭辉心中的梦想之门。

2012年底，陆庭辉升任信息运维班副班长，主持工作，不久又升任为班长。重任压肩，陆庭辉不敢懈怠，始终怀抱着“技术改变世界”的初心，一直奋战在数字化工作的前线，为电网主营业务提供有力的信息技术支撑。

万事开头难，刚加入信息中心时，陆庭辉便发现了自己在信息运维、信息安全方面的短板：有理论知识，无实践经验，一切都需要重新学习、从头摸索。自此，陆庭辉坚持利用业余时间勤学苦读三四年，先后考取了信息系统项目管理师、红帽操作系统认证、达梦数据库认证等证书。

信息运维工作充满着不确定性，哪里有问题、有缺陷、有故障就要必须在短时间内修复解决，容不得半点迟缓。一个星期五，江门电力营销系统出现了故障，营业厅里挤满了办业务的人，众人叫苦连天，怨声四起。上级命令必须以最快速度恢复系统。陆庭辉二话不说，连忙带着几个青年员工进行全面查验，撸起袖子就干，整整两天两夜没有合眼，终于完成了任务。

正是凭这股干劲，陆庭辉完成了从一名普通班员到理论与实操兼备的信息技术能手的转变。2017—2018年，他代表广东电网公司参加广东省红帽杯、强网杯以及全国网鼎杯等网络安全攻防比赛，分别取得了冠军、亚军和三等奖的好成绩，并被推荐入选为公安部网络安全高端人才。2018年，陆庭辉组建了创新工作室，带领班员们开展基层数字化创新。

2019年，数字南网建设行动计划正式启动后，陆庭辉作为数字南网建设及技术架构管控小组的一员，与其他小组成员共同克服了时间紧、任务重等困难，按时按质完成了技术架构管控标准和规范修编工作，获南方电网公司数字化部表扬。

随后，陆庭辉又参与了广东电网公司数字化转型行动计划修编、人工智能平台选型、物联网平台测试、电力现货市场技术支持系统出厂安全测试等多项工作。同时，陆庭辉积极开展“电力业务系统内的隐匿高危行为发现和精确预警技术研究和实现”科技项目研究，开发“办公终端一键安全检查工具”，为江门供电局数字化转型提供网络安全保障。

作为创新工作室负责人，陆庭辉以身作则，勇于实践，大胆探索，以微课堂、微创新等多种形式，带领团队一起从人、事、物以及数字分析等方面开展创新活动。

一是参与知行江电数字化平台建设，应用“德勤能绩廉”五要素对企业员工进行数字化画像，有效支撑员工个人提升及综合领域业务的数字化需求。配套“党员教育阵地”建设工作，参与智慧党建系统开发工作，辅助党支部管理及党员个人提升，为江门供电局党建工作提供系统支撑。

二是深入推进数字减负工作，组织创新工作室成员完成各业务领域约100个软件机器人的开发，实现简单业务的机器代人。开展系统数据“一次生成，多方应用”专项行动，梳理基层各类重复录入需求21项，并纳入电

2023年5月，陆庭辉（右二）与其他小组成员一起研究工作

网管理平台解决。协同变电管理一所和物流中心，探索智能检修中心和智能仓储建设，实现检修工艺作业过程智能化管控，建成仓储物资出入库和盘点等自动化应用场景。

三是开展物联网技术在IT资产管理中的应用研究，探索物联网技术在资产管理中的感知应用。融合广东电网大数据平台、江门低压可视化系统数据，参与江门供电局智能电网运营监测系统建设，为电网日常运营提供监测手段。

四是推广应用数据平台、软件机器人等工具，多次开展数据平台、软件机器人等工具的培训，帮助各业务线员工掌握数字化工具的使用方法。高质高效完成了配网低电压分析、客服工单分析、有序用电监控、日电量测量等个性化数据微应用建设，提高工作效率与质量，用科技为基层单位减负。

“世界因你不同”，这是陆庭辉很喜欢的一句话。在他看来，数字化专业的价值，在于服务主营业务，在于为企业生产、管理方式带来变革。一直以来，陆庭辉始终将这份责任铭记在心。

2020年7月，陆庭辉加入南方电网公司“百千人才去基层到西部”队伍，被派到广西电网公司机巡与不停电作业中心，进行为期一年的交流锻炼。这对于他来说，又是一个新的挑战，因为在此之前他几乎没有涉足过机巡领域，是一个地地道道的“门外汉”。

全新的领域，全新的挑战，激发了陆庭辉全新的斗志。他积极学习机巡业务、输电业务知识，借鉴广东电网公司机巡业务的规范化管理模式，以南网机巡管理平台推广应用为抓手，尽心尽力为交流单位机巡业务的数字化转型创造价值。

交流期间，陆庭辉深度参与了广西电网公司机巡管理平台的部署及推广应用工作，认真分析其运维模式、组织架构、线路台账结构等方面的差异，高效完成了该平台系统的本地化改造。面对信息技术人员缺乏、技术支撑不足的问题，他主动担当作为，积极参与平台系统运维、代码缺陷修补等技术性工作。经过无数个日夜的奋战，机巡管理平台顺利上线，并广泛推广应用，为广西电网公司实现机巡作业统一管控、数据高度共享的机巡业务规范模式奠定了基础，得到了领导、同事的一致好评。

2021年6月，陆庭辉升任江门供电局信息中心副总经理，担子更重了，但他不敢有丝毫的懈怠。2022年，为满足基层单位科技减负及业务管控的需求，他带领团队走访了变电管理一所等11个基层单位，收集问题及需求145项，梳理形成服务提升举措27项、项目式课题12项。自主开发了安监风险评估计算器、有序用电监控、安全态势分析、两票审核工具、医疗发票自动验真等一系列数据微应用，支撑了业务需求。

辛勤付出结出了丰硕成果。他们自主开发的智慧党建应用课题获得2022年数字中国创新大赛数字党建赛道比赛全国三等奖，办公终端一键检查工具获得2022年电力企业信息安全创新成果三等奖及班组创新创效优秀项目奖，权限查询小助手等三个智搜应用场景被评为十大"智搜+"优秀应用场景。

2023年4月，陆庭辉荣获广东电网公司第九届"十大杰出青年"称号。评选当天，陆庭辉结合数字化转型工作，讲述了自己成长的经历。当讲到创新工作室在研发软件机器人时，他说："一位员工得知我们新开发的软件机器人跑起来了，就兴奋地跟我说，他们也想开发自己的机器人。很快，营销、调度、安监、输电都要开发机器人，全局形成了数字减负氛围！我感到自己的工作很有价值！"

陆庭辉参加工作十余年，用心工作、勇克难关、精益求精，成为既懂业务又懂信息技术的复合型人才，在系统规划与建设、系统维护、安全管理等各个数字化工作领域，他都留下了自己奋斗的足迹，一步一个脚印向着梦想、向着未来进发。

（撰稿：张晓杰、陈颖贤）

潜心磨剑显锋芒

倪惠浩，2008年参加工作，2022年入党，现任江门供电局变电管理一所主管兼变电检修专责。入职十五年来，他敢想敢干敢创新，工作有方法、有技巧，在科技创新和技术管理方面业绩突出，先后被评为广东电网公司科技管理先进个人、创新先进个人，并荣立中国南方电网公司个人三等功。2021年获聘中电联电力行业电气自动化委员会专家。

2008年7月，倪惠浩从华南理工大学毕业，走出校门来到江门供电局参加工作时，他的心里是五味杂陈的。

“看到一起入职的同事分配到高精尖的继保、运行专业，自己则分到又脏又累的检修班时，心里确实有一点失落，不过我很快就想通了，干一行，爱一行吧！”

然而，连倪惠浩自己都没想到，这一干就干到了现在，整整十五年。

最初，倪惠浩从最基本的打磨、钻孔、压接等钳工技能学起，不断收集钻研西门子、ABB、平高、长高、东芝、三菱等设备的结构和原理。每次到现场，他总是喜欢拿着手机对着设备拍照研究。一发现有缺陷，先是分析原因，琢磨个透彻，然后就亲自参与检修。在他的手机里，至今仍保留着有微信以来所有的工作记录。

“处理缺陷一定要及时用图文总结经验，不会做的检修工艺一定攻关编写成指引。”这是倪惠浩给自己定的工作准则。入职以来，他先后参与编写江门供电局导线及线夹制作工艺标准，110千伏GW4型、GW16型、SPV126型隔离开关，3AP1FG型、LTB145D1型断路器等设备现场工艺标准11份，细化现场检修工作实施指引87份；参与编写南方电网公司级技术标准3份、广东电网公司级维护手册8份和指导书81份。

“只要现场碰到困难和没有测试标准，我们就在线上呼叫浩哥，他就会像哆啦A梦一样变出来！”青年员工孙哲、刘星玮说，倪惠浩是现场高效开展高质量规范化检修的“主心骨”“定心丸”。

2015年，倪惠浩组织成立了首个以局助理技术专家为首的专家团队，鼓励基层员工“有困难、不抱怨、来提案”，在现场遇到的技术难题，定期拿到专家组会议上来提案和共同攻关，做到群策群力、人人参与精益改善。在实践工作中，专家团逐步提炼总结出一套“专家团队+工艺标准+专用工具”的检修模式，即专家团队通过编制各类设备检修工艺标准，研制各类专用工具，明确现场作业流程、需要拆换的部件以及质量评判标准，利用专用工具为现场作业保驾护航，让员工在现场不做选择题。2018年，该团队荣立南方电网公司集体三等功。

同事们这样评价他：“平常和倪主管打交道，他总是会问为什么做不到，需要什么才能做得到，他身上有一股严谨较真、不服输的劲，总是敢想敢干敢创新。”对此，倪惠浩的想法则比较实际：“我们还有不少古董级的老旧设备在运行，检修人员每次面对的缺陷情况都不同，处理起来都非常具有挑战性，这样就要求我们脑洞大开、胆大心细。”这是倪惠浩这么多年处理多次紧急缺陷的工作心得。

2017年12月23日，500千伏江门变电站1987年投运的220千伏GIS设备1号主变2201开关在停电检修时，发现A相压力表有气体泄出，证明氮气缸逆止阀未弹回牢固密封，如不及时处理，就会导致开关漏气，无法正常分合闸，1号主变将无法正常按期投运。面对如此棘手的缺陷，倪惠浩刚开始也头皮发麻，这么老旧的产品，氮气缸充气压力高达34MPa，相当于340个标准大气压，到哪里去重新充这么高压的气体？

倪惠浩认真梳理了思路，先是通过电话联系到设备生产厂家——瑞士BBC公司技术人员，咨询了充气的技术关键点，然后又在珠三角范围，查找能充高压氮气的特种气体公司。千转百折，待当天下午终于联系上珠海一家特种气体公司后，经过一番沟通，对方同意拿过来试一试。倪惠浩心急如焚，当晚就带着班组人员一起把氮气缸运送到珠海，指导充气师傅利用排充的方式进行修复。12月25日，缺陷排除，保证了西电东送大通道的顺利复电。

2018年10月30日，110千伏农林变电站1996年投产运行的北京北开GIS设备到期大修，检修人员在进行地刀机构调试时，不小心将机构箱碰裂。这一“失手”，后果严重，如不及时处理，将随时会导致机构散脱，无法正常投运。

当时，申请获批的停电检修时间很短，只有3天。如果重新拆解更换和调试接线，时间根本不够。更糟糕的是，这么老旧的机构箱，厂家早已经停产，根本找不到。怎么办？当大家都正抓耳挠腮之际，倪惠浩灵机一动，张艺谋电影《我的父亲母亲》中利用铜钉补碗的情节突然闪现在脑海里，于是他大胆地提出用码钉进行修复，并马上找到他经常联系的民间加工

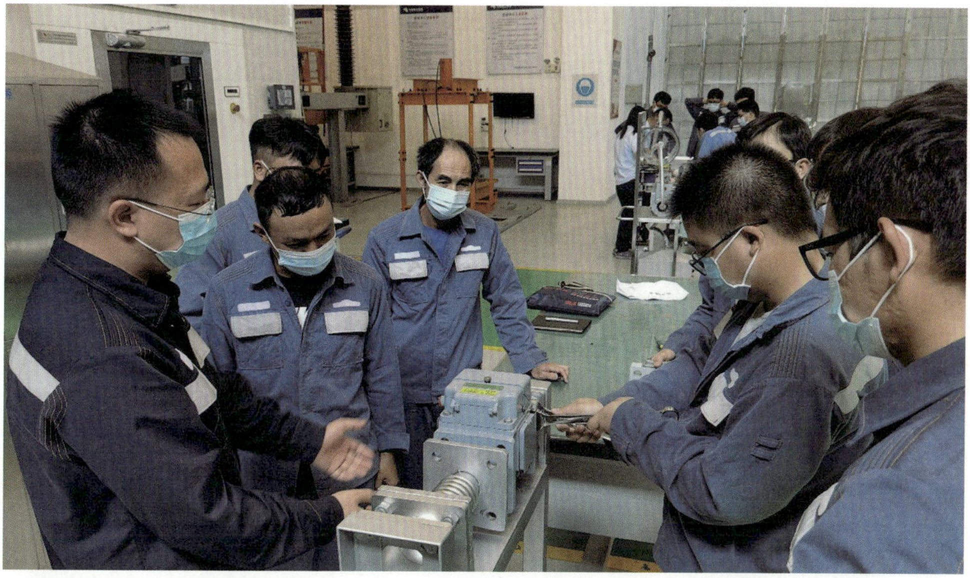

● 2021年5月，倪惠浩（左一）向参训学员讲解变压器瓦斯继电器校验技能

高手“老伙计”，最终用极低的成本、半天时间就解决了这个大难题。

2021年3月8日，220千伏新会变电站2号主变检修过程中，检修人员不慎将一个垫片掉入高压侧套管内部。如不及时取出，将有可能导致2号主变在运行过程中放电爆炸。而要查找并取出垫片，则须将变压器解体检修，耗时5天以上，耗费上百万元。如果算上停电给新会片区工农业生产、商业经营和居民生活造成的经济损失，更是个天文数字。对此，在上级领导已经做好最坏的打算——尽快安排解体检修之时，倪惠浩仍是心有不甘，一直在思考寻找着高效低成本的解决办法，当晚经与多方联系商讨后，创新性地提出利用高精度工业内窥镜，探入套管内部进行抓取。他的建议得到上级的支持。第二天，倪惠浩亲自上阵、指导参与整个检修全程，仅仅用1.5个小时，便准确找到垫片并顺利将其抓出，按时恢复该变压器的供电，为企业减少上百万元的经济损失。

倪惠浩作为冯普俊劳模创新工作室的技术负责人，运用自己多年现场工作经验，带领组员不断开展技术创新及成果孵化，并取得了丰硕的成果，先后获得全国、南方电网公司科技奖励3项，广东电网公司级奖励9项；已授权发明专利2项，实用新型专利12项。2020—2022年，倪惠浩先后主持研发并取得“水平式隔离开关触头发热带电处理专用工具”“10kV高压开关紧急远控分闸装置”“红外双视智能监控装置”“变电站高压室断路器智能化装置”“阿海珐刀闸触头专用压缩工具”等12项科技成果，其中已有4项实现了转化推广，合同金额达230万元，产生经济效益约800万元。

无论是面对各种各样的难题，还是面对取得的荣誉，倪惠浩始终保持不骄不躁的工作作风，以设备安全、运维规范、高效落实为工作目标，重视专业团队的打造和青年人才的培养，积极推进技术攻关和管理创新，狠抓日常工作质量，强化检试专业人员责任心及基本技能，营造“知责、明责、担责、尽责”的工作氛围，守牢设备运行底线红线，防止设备故障事件的发生。

“梅花香自苦寒来，宝剑锋从磨砺出，践行检修工匠精神，精心专心用心干事业”，这是倪惠浩日常工作的座右铭，也是他十五年潜心深耕检修专业的初心。

（撰稿：陶可鹏、苏金海）

扶贫路上绽芳华

梁晓君，2005年参加工作并入党，现为江门开平供电局三埠供电所副所长。自2019年起，她被派驻开平市长沙街西溪村担任第一书记，在任上她时刻牢记自己的使命与责任，始终情系民生、心系群众，全力做好脱贫攻坚、基层党建、乡村振兴、疫情防控等工作，先后被评为中国南方电网公司“巾帼建功标兵”、脱贫攻坚先进个人和广东省脱贫攻坚突出贡献个人。

2019年4月，梁晓君被派驻到江门供电局的对口帮扶点——江门开平市长沙街西溪村担任第一书记，肩负起这里的脱贫攻坚、基层党建、乡村振兴等一系列工作。

初到西溪村，梁晓君通过调研走访，发现村里近1600人中超过一半是留守老人和孩子，家庭贫困、居住环境破落、孩子教育无保障等问题比比皆是。从此，梁晓君把自己当成西溪的女儿，把这里的老人和孩子都看成自己的家人，心中多了一份牵挂和关心。

问题一箩筐，从哪里开始解决呢？作为两个孩子的母亲，梁晓君决定先从解决贫困家庭孩子的教育问题入手。依托江门供电局的“知行助学”项目，梁晓君制定了“‘知行书屋’走进贫困户家庭”帮扶计划，通过捐赠助学资金、图书、文具等，帮助贫困学生顺利完成学业。在她的牵线搭桥下，江门供电局“心灯”志愿服务队定期上门为贫困家庭提供生活帮扶及心理建设服务，坚定其脱贫的信心与决心，鼓励贫困学生努力学习，通过知识改变命运，长大后为建设美好家园出一份力。

授人以鱼，不如授人以渔。怎样才能从过去的“输血式扶贫”转变为可持续的“造血式扶贫”呢？这是梁晓君在工作过程中一直思考的问题。通过调研，梁晓君发现，这里大部分的村房屋顶平坦且光照充足，如果能在屋顶安装太阳能发电板，既能解决村民的日常生活用电问题，减轻电费负担，又能节能减排、改善环境，更重要的是，还能将多余的电输送上网，为村里增加一笔稳定的经济收入。她的建议得到了江门供电局党委的大力支持，迅速筹集资金、立项建设。经过几个月的努力，2019年11月28日，西溪村15千瓦光伏发电工程正式并网运行，成为开平首个村级光伏发电扶贫项目。

劳爱匀是空巢老人，门前都是坑坑洼洼的泥地，遇到雨天，出行就更不便了。梁晓君发现这种情况在西溪村普遍存在，于是带领村干部对农村人居环境开展了“三清三拆三整治”专项工作。经过一年多对农村人居环境的整治，村民家门前再也没有乱搭乱建物堵塞，村巷道实现了水泥硬化。如今，劳婆婆的门前铺起了水泥路，村巷道宽敞整洁，过去没有任何防护措施的鱼塘也加装了围栏，村民也放心自家小孩在家门前玩耍了。“我在这里住了五十多年，第一次看到家门前铺上水泥路，连小汽车都能开进来了呢。”劳婆婆惊喜地说道。此外，梁晓君还利用“三清三拆”后的闲置土地建设了一个户外“党建公园”，在鱼塘边建起了“知行学苑”宣传栏，向村民宣传党建、科学、卫生等知识，完善了西溪村党群活动室的硬件设施，改善了阵地学习条件，为今后三农发展打造“充电站”。

“其实第一书记这份差事，苦和累我都觉得可以接受，我最害怕的就是大家觉得我是来‘镀金’作秀的。我一直保持的初心就是做实事，实实在在地帮助到村民。”梁晓君说。作为在供电部门工作了十几年的基层员工，她还结合自己的专业优势，帮助村民。

2019年在走访宣传“免费电”政策期间，梁晓君认识了低保户吴溢洲，其因常年一个人生活，不善沟通，对陌生人来访显得有点抗拒。经过多次探访，老人才渐渐放下戒备，让她进屋聊聊。让梁晓君惊讶的是，老人还在过着点油灯、烧柴做饭的日子，随处可见的柴和碎布都是易燃品，存在着极大的安全隐患。

“洲叔，在家里用明火照明和做饭比较危险，现在家家户户都用电了，我帮您安排装个电表用电过日子好吗？”没等梁晓君把话说完，老人就抢着回应：“谁出钱帮我安装电表交电费呢？我没几年能活了，用不上。”

在随后几次的探访中，梁晓君都耐心地向吴溢洲解释“免费电”政策。按照他的情况，可以享受供电部门低压业扩延伸政策免费安装电表，每月还减免15度电。后来，老人终于点头同意。梁晓君立即组织了开平供电局的志愿者，为其整理电线和安装漏电开关，送上了电。“记得有一次下大雨，晓君还特意跑来看看我，真是好女孩。”吴溢洲赞道。

此外，梁晓君还坚持不懈为贫困户做思想工作，激发贫困户就业意愿；组织贫困户参加招聘会和企业面试，提供多种就业信息和机会；设置如乡村保洁员等“公益性岗位”，让贫困户在家门口就能找到工作，获得稳定收入。

萍姐是梁晓君精准扶贫对象之一，她的丈夫因病无法工作，全靠她一

● 2020年5月，梁晓君（右）到贫困户萍姐家编织及推广南网“小赫兹”

人在旅游景点售卖手工制品支撑一家三口的生活。2020年，受疫情影响，萍姐的手工制品销路中断，全家一下子没有了经济来源。为此，梁晓君和同事找到了南网数字传媒科技公司，尝试网上销售、文创扶贫。经过反复沟通和打磨改良，制作了6款纯手工编织的名为“乘风破浪的小赫兹”的钥匙扣，在“南网商城”淘宝店上架发售，帮助萍姐打开了销路。在梁晓君的努力下，西溪村5户贫困户全部实现脱贫出列。

与此同时，梁晓君还积极走访周边企业，联系街道办，以当地企业为依托提高当地优质农产品的生产规模，开展批量上市销售，推动西溪村经济效益翻了一番。制定的脱贫目标、美好蓝图在她手里一步一步地变成了现实。

2020年大年初二，抗击新冠肺炎疫情的号角吹响。梁晓君把照顾孩子的担子移交给家里老人，匆匆赶回西溪村。作为第一书记，梁晓君迅速制定防疫“精准护家”行动方案，组织开展了“抗击疫情，我做先锋”活动，发动广大党员积极投身到抗疫中去，张贴防疫海报、入户摸查外来人口、筹集口罩物资、为村民量体温……西溪村筑起了严密的防控网。

“累计摸查了621人，外地人员共39人，大耕户32人来自广西……”每天清晨醒来，梁晓君脑子里都不断更新这几组关键数据。为了做到村不漏户、户不漏人，疫情期间，梁晓君和村“两委”干部几乎每天都开展全村大排查，对外来人员近期出行史、接触史登记造册，以便提供精准的人员信息和线索。

受疫情影响，社会经济不景气，一些贫困人员因失业而收入下滑。为此，梁晓君迅速联系扶贫车间，亲自陪同贫困户工人到企业面试，助其重新获得工作，稳定就业支柱。对于因长时间封防“宅家”而产生恐慌和焦虑情绪的村民，梁晓君则时常通过微信等途径耐心倾听和疏导，帮助其调整心态，做起了村民们的知心姐姐。

疫情期间，梁晓君和广大党员干部一起，日复一日地为村民撑起防疫护家的大伞，西溪村无一例确诊或疑似病例，守住了抗疫保安防线。

艰难困苦，玉汝于成。“在基层不能空喊口号，必须实实在在为村民做一些事，而且要量身定做。”梁晓君一句朴实无华的话，字字铿锵，掷地有声，并用实际行动诠释了一名扶贫干部的为民初心和使命担当。

（撰稿：陈婷、丁志玲）

用心用情地为客户服务

陈默愉，2013年在校入党，2014年参加工作，现任江海供电局客户服务一班副班长。自步入营业厅的第一天起，她坚持用“四颗心”为客户提供优质服务，即用热心迎接到窗口办事的每位客户，用耐心解答客户提出的咨询，用细心审查客户提供的每份材料，用诚心帮助客户解决实际问题，让客户高兴而来，满意而归。2021年被评为广东电网公司优秀共产党员。

“叮咚，请×××号客户到1号窗口。”

“您好，请问您需要办理什么业务？”

每天早上8点30分，在江海供电局营业厅里，陈默愉都准时用她的微笑开启每一天的工作。

自2014年参加工作以来，陈默愉一直扎根在营业基层班组，主要负责营业厅日常业务办理和班组建设工作。“细心耐心、礼貌待客”是她从事电力营业窗口工作以来对自己的基本要求。在日常的营业工作中，每天前来咨询和办理业务的客户不下几十个，遇到高峰期甚至将近200个，排队的客户能从服务窗口排到大厅门口。面对源源不断的客户，她都会不急不慌地耐心解答，为每一位客户办好手续，尽可能实现“一次妥”，让客户少跑一趟。

在陈默愉印象里，给预付费客户处理欠费停电情况一直是个“老大难”问题。2017年以来，江海区作为江门市的高新技术开发区，报装专用变压器的大客户数量呈逐年上升之势，与之相应地，在预付费方面遇到问题的客户也与日俱增。

“预付费的客户对电费的敏感性比较高，因为买电时候的协议电价是有波动性的，过一段时间就要再看一下，重新调整好，再跟客户协商买电。但部分客户的接受度不高，这时候我就要一个个地向他们进行解释。”陈默愉经常跟不同的客户解释具体的原理，以及教客户去算自己的电费，让他们了解到月底的时候大概需要存多少钱，既不能让客户预存太多，也尽量不留有欠费——陈默愉总是耐心细致、反复讲解，直到客户自己完全熟悉为止。她相信，供电营业厅是一个公开透明的单位，电价都是明确公示的，只要客户了解清楚情况，就能减少客户对电价的争议。

预付费客户日益增多，尤其是月头月尾为充电费高峰期，除了基本业务客户，整个营业厅都是专变预付费客户。为此，营业厅设了一个解决预付费问题的专门窗口。陈默愉只要接到这些客户咨询停电问题，即使是下班时间到了，仍会耐心指导客户，帮助客户办好复电工作。“如果有些客户刚开始用电不了解情况，情绪波动比较大，我也只能尽力安抚，告诉客

● 2017年11月，陈默愉（中）带领全体营业员进行工作早会

户以一个月为周期观察一下。”

然而，社会总是处于不断变化之中。待老客户熟悉了解预付费业务之后，又会出现许许多的新客户。如此，解释说明工作就需要反反复复地做。陈默愉始终保持一颗为客户真诚服务的心，认真倾听，耐心解释。“因为临近高新区，客流量比较大，平时整个营业厅都是满的，基本走不开，有时候想喝口水，但客户已经到面前了，总不能让客户等我们，对吧？”

陈默愉还十分注意梳理规范自身日常工作程序，以提高工作效率和质量，改善客户的体验感。近几年来，她积极参与数字化营业厅的建设和试点推广工作，在信息中心的通力协作下，利用先进的信息技术提高工作效率与服务质量。例如2017年，她参与缩短业扩报装总流程时间的QC项目，实现了低压报装用电“一次妥”；又如2017年6月至2018年3月，参与制定营业厅客户服务智能机器人解决方案，设计机器人功能初稿，梳理机器人运用场景，向信息中心提供专业需求与建议；再如2018年，参与江海供电局预付费自助终端改造项目，从分流客户、减少排队时间角度，对现有预付客户进行梳理分析，为该项目提供基础数据。以上的信息化改造，有效解决了客户业务办理等待时间长、流程繁琐、抱怨率高等实际问题。

努力不会被辜负，付出终有回报。陈默愉和班组同事齐心协力，一起积极为企业营销服务工作献计献策，取得了丰硕成果。2017—2019年，班组荣获广东电网公司7S管理劳动竞赛现场改善成果优秀奖，并在江门供电局第二届、第三届青年营销创意大赛上屡创佳绩，其中“办理业务不用等”项目获得金点子二等奖，“客服服务自动化工具应用研究项目”获得二等奖。

2020年，陈默愉肩上又多了一份工作、一份责任——担任江海供电局供电服务中心党支部纪律检查兼安全生产委员。为尽快熟悉党建工作，筑牢支部安全和廉洁两道防线，她更加忘我地工作。由于白天要在营业厅接待客户，陈默愉只能利用下班时间学习党务知识，处理党支部各项纪律检查事务，她常常在办公室工作到很晚，饿了就吃外卖，有时忙得照顾不了家庭。为此，陈默愉常内疚不已。

回望这些年来所走过的路，陈默愉始终认为自己和身边的同事一样，做的都是最平凡的工作，取得的都是最平凡的成绩。她说：“记得刚到营业厅的时候，跟客户一讲话我脸就红，挺害怕的。甚至有一次，有个客户一上来就开口骂人，满脸怨气。当时我觉得很委屈，哭个不停。现在，我更在意的是自己的沟通态度和处理方式，一心想如何跟客户解释好、为客户解决好问题，那么客户的一些消极情绪自然就打消了，有的客户最后还会礼貌地说谢谢，下次来也还会主动跟我打招呼。这种良性反馈让我挺有满足感的，我觉得自己实现了作为客户服务人员的价值。”

春去秋来，寒来暑往，入职九年来，陈默愉总是用热心、耐心、细心、诚心去服务每一位客户，总是以满腔的热情、充足的干劲去面对每一天繁复琐碎的工作，在平凡的岗位上努力创造价值、贡献力量。

（撰稿：覃超一、梁颖怡）

有付出就会有收获

区建安，1999年参加工作，2013年入党，现任江门江海供电局生产计划部配电运维二班班长。自入职以来，他着力提升运维质量，运用新技术、新手段，精准管控“黑点”；认真做好配网规划，准确掌握网格运维“痛点”，彻底解决运维和网架短板；重视抓好技术培训，自创“三步法”帮助青年员工提升技能。2017年荣获江门供电局首届“十大工匠”称号。

2017年7月，一个好消息迅速传遍江海供电局：该局生产计划部配电运维二班被评为中国南方电网公司第一批五星班组，成为全网学习的标杆。

运维二班的人都知道，能获此殊荣，除了这些年他们的辛勤努力与付出外，还有一个重要人物不可或缺，就是这次一同被评为五星班长的区建安。正是他一直以来带头开展精益管理，班组建设方才取得今日之成绩。

运维二班是一个平均年龄为三十九岁的班组，共有10人，党员3人，主要负责配电设备的运维和规划工作。前些年，区建安在开展日常运维管理时发现，班员只满足于完成任务，主动性不足。而辖区内设备管理责任也不清晰，导致设备管理质量不高。为此，他借助江海供电局试点实施配网设备“主人”制这个契机，带领班员将辖区内运维设备梳理了一遍，给每条线路、每个设备划分“主人”，理清了设备管理责任界面，并组织班员参与监督管理，让他们实现从“执行者”到“管理者”的角色转换。

为了使运维质量更加精益、精准，区建安带头学习无人机、红外测温、局放测试等新技术、新手段，并在班组进行培训普及，有效节省了人力资源，提升了设备健康水平。针对辖区道路设施改造增多、外力破坏风险增大的情况，他提出了建立班组发起、部门联动的防外力破坏“红绿灯”机制的“金点子”，对各个“黑点”实施精准管控，保证了运维设备安全和电力可靠供应。在他的亲身实践和带领下，班组逐步做到设备自主运维。设备“主人”制被南方电网公司评为设备精益管理的样板，运维二班被授予设备“主人”制示范基地班组示范点。

2014年，为促使规划工作更加快速地响应发展需求，江海供电局在全省率先试点，将配网规划职能从计划建设部调整至配电部。区建安得知配电部要从运维班组抽调青年骨干组建规划团队，便立即报名加入。此后，他与班组青年骨干们一起深入调查研究，针对网格运维的“痛点”与网架短板，自主做好网格化规划和项目立项出库，共完成管辖范围内13个网格的规划修编工作。项目按“一网格一项目包”的模式进行建设，由基建业主项目部统筹实施，建成一片，完善一片，避免重复停电，综合解决了网格的自动化程度不高、设备老化、缺陷隐患、不可完全转供等问题。

● 2017年9月，区建安（左）在配电站施工现场详细检查资料

在工作过程中，区建安十分注重对青年员工的培养。为增强青年员工动手能力，他与老师傅一起自创了培训“三步法”：第一步，让青年员工找准自身定位，针对短板定制个人业务技能培训目标、计划和方案；第二步，开展“师带徒”，由班长和老师傅提出意见和建议；第三步，形成班组青年员工培训计划。如此，班组很快掀起了一股“传、帮、带”的学习热潮。青年员工胡嘉杰，刚来到运维二班时还只是一名初级工，通过“三步法”的训练和提升，很快取得高级工和技师资格，在区建安的指导下，胡嘉杰于2016年研制出了一款多功能绝缘操作棒，获得广东电网公司职创二等奖，有效解决了夜晚光线不足的操作难题。

与此同时，青年员工也为师傅的技能短板提供帮助，例如老师傅普遍存在无法熟练使用电脑和网络系统的问题，青年员工就主动发挥特长，利用下班后半小时，一对一、手把手进行辅导。通过开展系统每日一练：填计划、录缺陷、走流程，一步不差，现在班里的每位老师傅都掌握了系统的各项基本功能，再也不会对着系统发怵了。

2017年，南方电网公司要评选第一批五星班组，江门供电局推荐江海供电局配电运维二班向上申报。这次评选标准要求很高，不仅看指标好不好、基础牢不牢，更要看精益管理在班组落实到不到位。区建安知道，无论是班组还是他个人，与标准相比还有很大的距离。为此，他主动报名参加上级单位组织的班组精益管理培训。通过学习，他深深地认识到，精益化是班组建设必须迈过的一道坎，也是持续改进班组管理水平的必由之路。为此，好一段时间里，他脑海里整天就思考着这几个问题：班组的精益管理要怎么提升，如何提升，提升什么？

在深入剖析运维二班存在的问题与短板后，区建安在精益管理上按下了“快进键”，主要抓好了以下几项工作：一是进一步加强建设，将精益管理放到具体的业务中，做到具体问题具体分析，制定改进措施并严格执行，逐步形成自主运维、自主规划、自主管理的“三自主”运维管理模式，提升班组管理水平。如针对班组成员工作积极性不高、做多做少差异化不明显的问题，区建安从“工作业绩、工作态度、技能水平、奖惩评价”四个维度开展工分记酬，有效提高了班员的主观能动性。二是抓好班组培训工作。改变以往重低技能人员培训、轻高技能人员提升的做法，按照“基本技能、中坚技能、拔尖技能”进行分类，在班组内部开展差异化培训，促进班组员工技能的整体提升。三是发挥班组员工的聪明才智，广开言路，开展好合理化建议活动，发挥小改小革、创新创效的作用，把班组各项工作做细做实。

功夫不负有心人。经过层层评选，江海供电局配电运维二班最终在18 949个班站所中脱颖而出，其安全生产指标、办公基本配置、班站标准化水平等全面达标，被评为南方电网第一批五星班组。同时，区建安也被评为南方电网公司五星班长。

面对获得的荣誉，区建安说：“自己从未想过要成为什么标杆和榜样，只想无愧于自己共产党员的身份，无愧于大家喊我一声班长。”

如今，已过不惑之年的区建安，仍在精益管理路上奋力前行。回望过往的岁月，无论是在烈日炎炎下巡视10千伏线路的他，还是在现场反复检查确认施工和供电设备安全的他，抑或是在挑灯熬夜做好网格化规划和项目立项的他……我们都看不到有什么惊天动地的壮举，看不到有什么可歌可泣的诗篇，但在他身上，我们看到了献身基层运维工作的赤诚之心和敬业之心。二十四年的春华秋实，他已经把“奉献”作为一种信念印在了心中，化为了行动。“我不说好听的，只做管用的。”这就是他对工作最朴实的表达，也是他对“人民电业为人民”企业宗旨最真实的诠释和践行。

（撰稿：邓淑微、周慧）

技行五邑　能创未来

梁达强，1997年参加工作，2001年入党，现为新会供电局会城配电运维中心配电运维二班班长。从业二十六年来，他积极探索创新，强化联合攻关，突破关键技术，完成创新项目10项，获授权专利14项。他注重成果转化，悉心培养领军人才，打造了一支配电专业的创新团队，用过硬的本领守护着一方平安。2016年被评为广东省和江门市技术能手。

2017年11月成立工作室，3次获广东电网公司“优秀创新工作室”称号，现为中国南方电网公司二星级技术能手创新工作室；其本人共完成创新项目10项，获广东电网公司职工技术创新三等奖3次，多次获江门供电局职工创新奖，获授权专利14项……这些累累硕果的取得，是对梁达强多年如一日在配电运维工作中练就过硬本领、锐意进取的回报。

在新会供电局技能训练基地，经常能看到梁达强为年轻学员示范更换10千伏线路拉线作业的情景：仔细检查各项安全操作措施，首先固定拉线，三两下爬上约12米高的电线杆，安装好线路后迅速返回地面，戴着手套的手紧拉电线，最后拉线三下成型，迅速完成收尾工作。干净利落的动作一气呵成，现场学员们不禁鼓起掌来。完成这一系列规范操作，他仅仅用了30多分钟。虽然因为天气炎热而汗湿了工作服，但他还是气息平稳，不见疲累。

而年轻学员不知道的是，梁达强在培训基地使用的那个拉线器，也是引导他走上职创之路的“拉线器”。

2016年，在参加完江门市“技行五邑”大赛后，梁达强发现日常工作中打拉线部分占用时间长，且较难成型，工作效率不高，同时当时行业中并没有成熟的技术和验收标准。为解决这个问题，他带领所里6名技术骨干，成立专门项目，对打拉线进行调试。经过不懈努力，终于自主研制出拉线制作器，大幅提高拉线的现场制作效率，降低施工人员劳动强度，有效防止在制作拉线过程中因钢绞线反弹力过大而误伤施工人员。紧接着，梁达强又系统提出整套拉线制作标准，用数据统一拉线验收标准，方便运维人员的日常管理，提高运维质量及供电可靠性。这个项目自2018年开始应用，获得了南方电网公司第二届7S管理劳动竞赛优秀合理化建议银奖，后又获得广东电网公司管理劳动竞赛优秀合理化建议一等奖。

除了在实际工作中爱动脑筋，梁达强一直牢记自己是“南网人”，以及肩上承载的沉甸甸的电网安全责任。在他看来，未雨绸缪开展防雷专项工作，有助于电力系统的整体稳定运行，必须给予足够重视。在配电线路维护中，需要运用安全管理，采取一系列的方法和措施，减少因配电线路

2020年3月，梁达强（左）在工作室带领新员工开展职创活动

故障而造成的损失，这样配电线路方可以更加安全稳定地运行。这一切，都需要大量高素质的配电人才支持。

2017年，梁达强成立技术能手工作室，沿用“专家团队+精益管理+创新工作法”思路，重点抓好“双师”（工程师及技师）人才培训，不断针对现场工器具进行研制创新，培养配电专业高级人才，开展技术技能项目攻关。同时，认真抓好新员工转正、提高岗位胜任能力等日常培训工作。2019年，4名工作室成员通过高级技师实操考评，梁达强被南方电网公司聘为省级内训师，工作室获得广东电网公司及江门供电局“优秀创新工作室”称号，并被评为南方电网公司一星级技术能手创新工作室。

随着对配电线路的运行维护、工程组织、施工质量、进度控制、材料组织、运行管理等方面的认识不断加深，梁达强将自己多年的实践经验进行总结归纳，撰写并发表了《安全管理在配电线路维护中的运用》《基于配网故障快速定位的方法分析及故障指示器的应用研究》及《探讨配网安全运行的常见问题及故障研判方法》等7篇论文，引起了业内同行的关注。

企业要实现精益化管理，必须从基础入手，在班组建设中导入。2019年，梁达强自我加压，肩负起创建五星班组的重任。他认为，星级班组建设本质是更高标准的日常工作，不能急于求成，必须从小问题入手。为此，针对配电运维班组规程多、要求多、约束多的特点，梁达强在运行人员有限的工作范围内实行更强的精益化管理，突出了运维班组的可操作性。将年度、月度目标方针看板化，提高员工的目标意识，将目标落实到工作；将管理任务可视化，进一步明确操作的要领，提高操作的效率；将日常工作流程化，严格规范员工行为，奠定精益的基础；将工器用具定制化，便于员工查找，节约工作时间；将员工培训及时化，进一步明确能力上的不足，通过培训、竞赛等方式，提高班员对运维急修、两票两册、系统应用的技能水平，实现精准定位提高；与此同时，积极开展创新创效活动，针对现场实际情况，开展现场微改善项目，将精益的理念融入到工作，丰富了班组创建的内涵，营造全员自主改善的软文化。

一分耕耘，一分收获。经过一年的努力，2020年3月，配电运维中心配电运维二班终于将南方电网公司五星级班组的这一“桂冠”摘到手中。看到这来之不易的成绩，看到全班满脸洋溢的笑容，梁达强觉得所有的付出都是值得的。

（撰稿：林海燕、何婷婷）

把脉电网注匠心

梁浩泉，1999年参加工作，2004年入党，现任江门供电局变电管理二所500千伏五邑巡维中心副站长。他扎根生产一线二十多年，长期从事守护电网“中枢神经”的继电保护工作。他敏于求知，勇于创新，乐于奉献，参与多个重点工程建设与改造，成绩突出，彰显了一个崇尚学习、勤奋有为的党员形象。2022年荣获江门供电局第三届“十大工匠”称号。

2022年，在江门供电局第三届“十大工匠”表彰大会上，梁浩泉被授予“江电工匠”称号。在这沉甸甸的荣誉背后，是梁浩泉长年累月付出的异于常人的努力。

1999年，刚参加工作的梁浩泉，被分到了继电保护专业，这个专业在电力行业内相对较难，当时很多人都劝他换专业，可年轻气盛的他不愿服输。“我当时也没有多想，就是工作期间发现220千伏变电站线路保护装置没有好用的更换方案，严重影响工作效率，我就想着能不能尝试改变……”梁浩泉说。也正是遇到难事总喜欢自己钻研，并想方设法去解决的恒心和毅力，才将他铸就成了一名“工匠”，并始终在创新的路上发挥光和热。

梁浩泉清楚地记得，当时江门供电局正在开展变电站无人值班自动化改造工作，按照惯例，在施工时，用户方不用一直在现场，但梁浩泉却觉得参与得越多，对系统就更了解。于是，他每天都与厂家工作人员一起泡在变电站里，不仅在现场勤学好问，下班后更是刻苦钻研，从不放过任何一个学习的机会，从安装、维修、测试都全程参与，把系统了解得犹如自己的手指。很快，他便从一名写写画画的“书生”，变成了一位利落干练的继电保护技术“小能手”。不久，梁浩泉在一次江门供电局继电保护“比武”中脱颖而出，夺得桂冠，技惊四座。

由于业绩突出，梁浩泉被调到500千伏五邑变电站担任副站长，但他仍保持这股好学的“钻”劲儿，潜心研学电网二次保护技术。在该站4号主变扩建与设备改造工程中，梁浩泉除了是现场验收的“把关人”之外，也是技术攻坚的带头人。梁浩泉有项让同事们津津乐道的绝技：每次电网二次回路发生故障，他都能神速地判断出故障部位、故障原因，及时提出故障处理办法。后来，他又参与了开平地区变电站自动化系统的改造工程。每一次系统更新，梁浩泉都会反复看十几本厚厚的施工安装图纸，像熟悉自己的掌纹一样，把设备参数、系统结构和工作原理烂熟于心。逐渐地，梁浩泉成了大家口中的电网继保自动化专业的“活字典”。

2014年，梁斌儒技术能手工作室成立，梁浩泉自然成为工作室的骨干，工作任务繁重，最苦最累的活儿，他都是一肩挑。“放心吧，交给我！”这是他经常挂在嘴边的一句话。

随后的几年里，梁浩泉带领团队潜心研究提高电网生产效率的先进技术和方法，开展了“关于退出五邑变电站500千伏线路保护纵联保护功能说明”“关于五邑变电站500千伏开关保护先重、后重功能说明”等数十项科技创新项目，取得各类专利20余项，多项科技创新成果已在电网系统内得到推广，工作室亦被评为南方电网公司优秀工作室。同时，他还注意总结提炼多年的工作经验与技术积累，出版了《继电保护装置连接片操作指引》《定检作业指导书》等专业图书，成为广东电网系统的优秀教育培训教材。“这些经验都是二十年来我摸着石头过河，摸索出来的，希望分享给更多的年轻人，让他们快速成长。”

有人问梁浩泉创新是什么，他总会回答：工作中发现问题是成果，解决问题就是创新。在他的带动和鼓励下，同事们都喜欢在闲暇之余，“捣鼓”些与日常工作相关的难题。为了鼓励大家多创新，变电管理二所专门

2022年5月，梁浩泉（左）在500千伏五邑变电站对4号主变相关设备作投运前检查

在500千伏五邑巡维中心和部门二次作业培训场设立职工创新室。梁浩泉始终毫无保留地将自己的技艺和经验分享给团队成员，还编制了10余个培训课件，广为传播。

二十多年来，梁浩泉亲自参与和见证了江门电网继保自动化系统的发展历程，从起初的机器继电器到现在的微机型继电保护装置，每一代系统都留下了他的足印。无论是保护装置的安装，还是交换机配置，甚至满屏柜上的接线，他都自己动手，亲力亲为，为的是让自己牢记这些结构布线。所以随便哪个故障排查，大到保护屏硬件故障，小到一根网线松动，他都能轻松找到。

即便如此，梁浩泉也从来不把自己当成万能的专家，始终抱着干一行、专一行的敬业精神和干到老、学到老的学习态度，一直在变电运行与继保自动化领域潜心钻研。“电网设备更新快，每次都要从零开始学。”梁浩泉这样说。

（撰稿：李嘉鸿、苏金海）

“智”因有心人

余健，1998年参加工作，2011年入党，现任供电服务中心电能量数据班班长。入职二十五年来，余健始终秉持“执着专注、精益求精、一丝不苟、追求卓越”的工匠精神，躬身深耕，充分挖掘电能数据潜力，持续提升电能量数据中心管理水平，被同事誉为计量专业的人中最会编程、会编程的人中最懂计量的“江电工匠”。2020年被评为广东电网公司营销工作先进个人。

《Java核心技术》《Java编程思想》《Python教程》《C++程序设计》……在余健的办公室桌面上，堆得最满的除了工作资料就是各类编程语言的书，一本本砖头厚度的书让外行人望而却步，余健却甘之如饴。

1989年，余健初入职不久，有一次信息中心人员来到余健的班组，协助计量检定工作人员编写指标仪表录入的程序，年轻而满怀好奇心的余健深受启发，从此对编程产生了浓厚兴趣。在和信息中心的同事合作中，他发现编程原来并没有想象中难，而且编出来的程序对工作有很大帮助，于是一有空就会去摸索计算机编程。

这一摸索，就是三十多年。一方面，余健利用自己的专业知识在计量领域深耕细作，先后从事电测仪表检定、电能计量检定和电能量数据分析工作，多次参与计量项目建设、计量管理专业规范及编程的编制，亲历着计量实验室的变迁。另一方面，通过不断学习钻研计算机编程，余健从中获得思维模式的灵活转变，在日常工作中不断思考对传统模式进行改进。他自主研发的程序帮助同事减轻了不少负担，工作效率大幅提升，余健也因此逐渐被领导和同事认可，升任计量中心检定班班长，成为大家口中江门供电局最会编程的计量技能专家。

2016年，江门供电局开展全市大规模集抄项目改造工程。项目计划轮换全市超200万只电能表。任务下达后，计量中心检定班负责的计量设备需求瞬间猛增，月均电表流转量提高超8倍。计量物资作为项目推进的重要一环，如何在现有条件下确保电表检定工作高效进行，并做好每台计量物资全生命周期管理成了务必攻坚的难题。

“没有电表前线就干不了活，我们绝不能拖项目的后腿。”余健心想。于是在计量中心领导的支持下，余健带领几个对计算机编程感兴趣的青年员工组建了一个攻关小组。一方面，余健通过以做促学的方式亲自带小组成员熟悉业务流程，摸清计量物资管理的特点；另一方面，以每周多次开展头脑风暴的形式，带动小组成员整理出计量物资上可能遇到的各种场景，快速帮助成员们理清思路。为了赶工作进度，攻关小组每天上午在实验室检定电表，下午开展头脑风暴，晚上写代码，工作强度很大。在不

● 2021年11月，余健（右一）与电能量数据班成员讨论研发应用软件

到90天的时间里，攻关小组终于完成了计量物资管理系统的开发。

系统完成开发不久，随着集抄项目电表轮换的深入，电能表流转规模大幅增加，攻关小组在此基础上又开发出周转箱编码绑定装置，配合计量物资管理系统，将计量设备流转的登记方式由每只登记转为每箱登记，极大提高流转效率，助力集抄项目改造任务如期完成。考虑到大规模检定的趋势，余健又带领攻关小组再接再厉，开发出可视化智能仓储系统，通过RFID技术实现仓库和实验室可视化实时监控表计流转情况，以此提升大规模电能表检定时在实验室各工序区流转的精益化管理水平。

“创新有两种：一是发现问题，然后寻找解决的办法；二是先有想法，然后发掘应用去解决问题。但无论是哪种，创新都无法一蹴而就，前者需要持续的意志力，后者需要不断的沟通协调。”对于“创新”二字，余健认为坚持才是成功的秘诀。2017年，作为江门供电局营销线首个工作室，以余健命名的创新工作室也正式挂牌成立，原攻关小组的青年员工也成了余健工作室的初创成员。依托平台，工作室蹄疾步稳，以智能化、数字化和信息化手段提高效率、改进工作为出发点，持续在营销领域开拓创新。近年来，余健带领团队主持开发了科技项目2项、职创项目7项，获得省级奖项6项，其中2020年与广东省计量中心共同研发的科技项目“电能计量自动检定系统故障智能诊断及预警技术”为全网首创，科技项目“电能表编程开关封印自动加封设备的研制”荣获广东电网公司科技进步二等奖。

2018年，余健从计量检定班调入电能量数据班工作，面对新的业务范畴，他锐意创新的脚步一直都没有停歇。他新带领的电能量数据班是一个九成成员为“89后”的年轻班组。余健大力倡导班员“人人争当数据分析师”，培养班员勤学习、善思考、爱钻研、乐分享的良好习惯，并且以余健工作室为载体，实施“一班员一项目负责人”的研发模式，带动班员尤其是青年员工积极参与科技攻关、职创项目、智能研发和QC活动等。

作为余健的得意门生，“90后”青年员工区永健和庞皓元开发的计量运维工单信息可视化看板，采用RPA机器人和Python程序语言开发、结合编写的异常负荷分析标准，实现了数据分析自动化和数据信息电子化共享。运行至今，每月累计减少劳动工时约24小时，基本实现计量运维工单“零漏单、零超期、零重复”。庞皓元说：“在余班长的影响下，我明白了不能只着眼于当前的工作，要学会深入了解每一个环节，更要从细节方面下功夫。”2020年以来，在余健的引领下，班组员工先后自主研发并正式应用运行41个智能场景及软件机器人，代替人工操作，实现精准减负。

唯改革者进，唯创新者强，唯改革创新者胜。作为一名党员，余健始终以饱满的工作热情、务实的工作作风、专注的工作态度，充分深耕电能计量数字化领域，持续提升管理水平，真正为客户创造更多价值，助力现代供电服务体系建设。

（撰稿：梁东胜、苏金海）

戎装变工装　仍是“特种兵”

莫钜槐，2007年参军入伍，2008年入党，2015年转业，现任江门供电局输电管理二所线路七班班长。入职十余年，他退伍不褪色，在抗风抢修复电中冲锋在前、勇挑重担，在输电运维工作中不辞劳苦、尽心尽责，在职工创新创效中敏思善学、成果丰硕，续写了新的荣光。2019年被评为敬业奉献类“江门好人”，2021年荣获中国南方电网公司“五一劳动奖章”。

2019年2月，十年前脱下军装换上工装的江门供电局输电线路工莫钜槐，被江门市文明办评为2018年敬业奉献类“江门好人”，一时间，莫钜槐“爱岗敬业，扎根一线服务群众”的事迹传遍五邑侨乡。

面对获得的荣誉，莫钜槐这样说：“身份在变，但我始终牢牢记住的是，自己作为一名共产党员，任何事情都要走在前，不仅要对得住良心，更要做好榜样示范。”

莫钜槐从小就有个军人梦，高考第一志愿是广东工业大学国防生，但在最后时刻落选。2006年底，刚进大学的他关注到征兵信息后立即报名应征，还是遗憾落选。

正当莫钜槐以为从此再也没机会从军报效祖国时，2007年的夏天，他在广东工业大学饭堂内又看到了一则征兵宣传海报，梦想的大门再次向他敞开。欣喜之余又有些顾虑，因为此时他已经念了一年的大学，若投笔从戎，不论成功与否，都有风险。“男儿何不带吴钩，收取关山五十州！”脑海里的声音在呼唤，他决定为梦想再搏一次。而这一次，他终于得偿所愿。

新兵训练在四川，刚刚踏上四川的土地，水土不服、高强度训练持续冲击着这名新兵，但这些都没有难倒他。莫钜槐在部队里潜心训练技能，在新兵连担任新兵班长，军事技能名列连队前茅，作为唯一的连队新兵参加团级军事技能比武。2008年3月，他随部队前往西藏拉萨。在一次突发火灾中，他带伤忍痛参与火场救人，挽救藏族同胞生命财产。在军营两年时间里，莫钜槐有活抢着干，有任务抢着上，累计获得个人三等功一次、团优秀士兵一次、团嘉奖一次。

2009年12月，莫钜槐光荣退伍，回到母校继续求学。回学校的第一年，莫钜槐将专业从磨具设计转到电力系统，谈到为什么要重新选专业方向，莫钜槐说受父亲的影响很大。“小时候我爸从事电力行业，不管哪家没电，不管什么时候，只要过来喊一声，我爸都马上赶过去修好。”莫钜槐说，“我感觉这工作很实在。”凭着这份情怀，莫钜槐通过三年奋斗，成为了学院保送研究生。

2015年研究生毕业后，各方面条件都很优秀的莫钜槐，一心只想学成为家乡多作贡献，毫不犹豫地选择回到江门，披上了蓝色工装。作为新时代的线路工，莫钜槐明白有理论知识并不够，还要掌握扎实的技能才能更好地工作。于是，他抓住每一个空隙请教师傅，迅速提升运维检修技能。这双握过枪、做过实验研究的手，拿工具、爬铁塔一样不含糊。

2017年8月23日“天鸽”袭击江门地区。登陆当晚，110千伏联红线光缆断落逼停新台高速，交通受到严重影响。台风刚过，莫钜槐主动请缨，与同事们争分夺秒投入到抢修复电之中。完成任务后又马不停蹄转战开平等地处理倒杆、树障等紧急故障，一直奋战到24日清晨才休整片刻。

谁料“天鸽”刚走，8月27日，台风“帕卡”就紧随而来。220千伏铜能线的地线因为在台风中受损严重，地线附件需要及时更换，更换的方案是在高空中进行切割和压接。为了保证工程的施工质量，检修作业全过程需要工作人员登塔进行旁站，测量压接是否到位、合格。当施工人员将地线放至导线上时，天空突然下起瓢泼大雨，检修项目只能暂停作业，莫钜槐便陪同施工人员在塔上经受狂风暴雨的肆虐。大约一个多小时后，雨停

2018年11月，莫钜槐（右）在输电线路上更换绝缘子

开始继续施工。在导线钢笼平台上，莫钜槐亲自用游标卡尺对压接管压接尺寸进行详细复测，保证了压接管的压接质量，因为一旦压接质量留下安全隐患，施工过程或验收时没有及时发现，可能会发生断线的风险，造成不可估量的损失。当作业任务结束下到地面的时候，莫钜槐对其他工作人员强调："对一项关键工序，要保持严谨细致的态度，认真检查每项作业数据，不要怕麻烦，哪怕付出多一些的汗水也是值得的。"

经过6天5夜连续作战，莫钜槐和工友们连续战胜了台风"天鸽""帕卡"。由于表现出色，他被评为抗击台风先进个人和当年的优秀员工。

这样吃苦耐劳、认真严谨的态度，同样也体现在莫钜槐担任班长岗位的日常工作之中。

输电管理二所线路七班管辖着700多公里的线路，其中包括阳江核电站输出线路，这是西电东送的关键走廊，大部分线路穿过原始森林，运维难度相当高。莫钜槐用半年时间迅速摸清了全部线路的概况、路线与外部风险，与班组人员一同制定各类运维措施，光是针对性的停电特巡方案就超过20册。在他的带领下，班组先后独立完成"220千伏唐台甲线破损绝缘子的紧急抢修""500千伏襟峰线发热绝缘子的紧急更换""500千伏蝶五乙线复合绝缘子单改双"等任务。

2019年12月，阳江核电二期工程500千伏线路阳鳌丙线投产前夕，莫钜槐作为负责人带领班组员工穿梭在线路施工现场，对关键工序进行高空旁站，严把验收质量关，确保线路零缺陷投运。班员吴伟鹏曾这样问他："槐哥，当兵和做输电哪个更苦？"莫钜槐答道："当兵，守土有责。运维，护线有责。应该说，这两样都很苦很累。我觉得，军旅生涯锻炼了我，让我有良好的体魄和意志来应对现在的工作。"

潜心扎根基层，莫钜槐从未停止过创新的脚步。他一直保持"挤"和"钻"的精神，时刻都在思考如何把自身的理论特长结合实际工作，提升班组的综合实力。他和班组成员与施工队一起编队开展高空作业，不断改进作业步骤，提升作业效率，先后完成了7个职工创新项目。其中"新型架空线路高空作业滑车"的创新成果，经"孵化"后成功解决了检修作业过程中检修人员出导线费力问题。在检修过程中，莫钜槐积极思考遇到的检修难题，查阅大量资料，改良工器具，更好地服务线路的运维作业，同时，他还积极参与班组无人机各类研发与运维业务，考取AOPA无人机驾驶证，独立完成无人机的各种巡视任务。利用专业所长，莫钜槐协助陈益平专家研发、优化无人机带电拆除飘挂物装置、无人机中继续器、长系留照明无人机系统等创新成果，并成熟应用至实际运维工作中。多年的严格要求和不断进阶，莫钜槐练就了过硬本领，做到知行合一，成为一名合格的“输电特种兵”，2019年5月，莫钜槐被评为广东电网公司青年岗位能手，2021年4月荣获南方电网公司“五一劳动奖章”。

“人生可以做很多事情，但每个时期，都要专心做好一件事。”这是莫钜槐心中一直谨记的工匠精神。多年来，莫钜槐身上的标签不断切换，但他始终牢记自己是一名共产党员。无论是军人还是学生，抑或是普通的线路工，莫钜槐认为只要潜心努力钻研，就一定会有收获。

（撰稿：吴卓文、苏金海）

在其位　履其职　尽其责

梅建威，1999年参加工作，2000年入党，现任台山供电局台城配电运维中心配电中压运维二班班长。他扎根基层二十余年，练就了一身勇于创新创效的本领，凭借扎实的技术功底、丰富的工作经验以及不怕苦、不畏难的工作作风，成为同事眼中的“全能干将”，守护着台城配网的运维安全。2015年荣获广东电网公司第五届“十大杰出青年”称号。

配电运维班属于一线班组，负责保障电力线路和设备的安全运行和维护，是一个经常和电打交道的“高危”班组，而配电运维工作，也常常被供电人戏称为“on call 24小时”。尤其是在台山这个面积辽阔、地形和气候复杂的地方，运维工作不仅工作量大，还充满了不稳定因素。

梅建威作为一个滚爬摸打了二十多年的“老运维”，对这里的每一条线路、每一件设备都了如指掌。无论是夜深人静的夜晚，还是风雨交加的清晨，只要一出现故障，他总能迅速找到故障点，第一时间走到现场，抢修复电。

既然选择了守护，那就要付出，梅建威偶尔也会错过人生的重要时刻。2009年9月14日，15号强台风“巨爵”在广东沿海登陆。此时，梅建威正准备申请休年假，因为妻子临盆在即。然而灾情就是命令，这位准爸爸果断取消休假，决定坚守岗位，与大家一起抗风抢险。当天，由于风力凶猛，很多树木被狂风吹起，压断附近的10千伏线路，造成故障跳闸。接到报障后，梅建威与同事第一时间赶赴现场，连夜开展抢修工作，通过转供电、发电车供电等方式，迅速保障用户正常用电。几天后，待完成了全部抢修复电工作时，他才抽空去看了看自己那刚出生的小孩。“现在老婆还经常拿这事说我，但我觉得这就是我的责任。”梅建威笑道。

扎根基层的日日夜夜，复杂多变的气候环境、艰难繁重的工作任务，成就了梅建威的一身本领以及不畏难、不怕难的精神品格，凭借扎实的技术功底、勤奋好学的性格、丰富的工作经验以及处理问题“快、准、狠”的作风，梅建威成为同事眼中的“全能干将”。

2017年8月下旬，台风“天鸽”正面吹袭台山，灾情严重，多个地区停止供电。早在台风登陆前，梅建威就带领全班为晚上的抢修做好人员安排及物资准备。8月23日深夜，见狂风暴雨稍停，梅建威迅速组织抢修队伍前往施工现场。车外是漆黑的夜，没有了往日的嬉闹声，他借着车内微弱的灯光与江门调度中心联系，为开展抢修争取时间。赶到现场后，抢修工作立即展开，他一个手提灯、一张工作票，对每一个安全措施都进行反复确认。“跟着我的都是很多年的兄弟了，越是危机时刻越要保证他们的安

● 2017年8月，梅建威（左）在抗击台风“天鸽”抢修复电现场协调指挥

全。”为迅速修复送电，他们像铁人一般，连续奋战30多个小时。待他们终于坐下来吃没有丝毫热气的晚饭时，时间已到了24日23时。

2019年底，台城配电运维中心工程扎堆，又进行班组优化调整，工作千头万绪、十分繁重。梅建威白天外出操作，申请停电计划，晚上进行两票的办理、审核、归档，连续一个月工作到晚上10点才能回家。那段时间，他的电话不断，调度的、施工单位的，还有班员的，一个接着一个。即使回到家里，他依然忙着熟悉运维线路，忙着与同事沟通，忙着准备第二天需要的资料。梅建威沉着冷静地处理好每项事务，牢记每个工程的要点，工作思路清晰，各项事务开展得有条不紊，安全措施一项不落，高质高效完成了年度全部工作任务。

工作二十多年，梅建威先后参与了50多项高低压线路改造工程的规划、设计、施工管理工作，打造了许多配网改造优质工程。其中横湖变电站10千伏园林线改造工程，获得2014年“安全、优质、文明”样板工程。同时，他还积累了从工程立项、设计、风险评估、预算到施工监管、工程验收等各个环节的丰富工作经验，前些年台山供电局编制的《台城镇2014—2020年电网发展规划及2030年远景设想》，就有梅建威的一份心血和智慧。

作为班组的负责人及单位的技能专家，梅建威十分重视对青年员工的技能培训，尤其注重运维实操训练，讲究手把手教学，做好传帮带。“只运用理论知识是不够的，只有结合实际工作，手把手让他们尝试，才能成长。”2012年以来，梅建威在多个培训班中分享自己的工作经验。每当遇到专业标准问题时，他总能一五一十地将作业标准、安全规范列举出来并指明出处，如数家珍，同事们都称他为配网运维的“移动百科”。梅建威通过课堂讲解、现场消缺、联合施工、结合操作等方式，在班组营造了人人爱学习、人人比技术的氛围，为企业培养了一批优秀的技能人才。接受过他培训的青年员工，现已逐渐成为台山供电局的技能强手、生产骨干。2014年，梅建威被评为江门供电局优秀内训师。

在梅建威的带领及培训下，该局不少青年员工积极参与QC活动并取得了好成绩，先后获得2018年广东省南粤之星、2021年优秀质量管理小组金奖、广东省质量协会2021年度QC小组成果发表赛示范级奖项等。

在一次技能专家的述职报告会上，他这样评价自己：“我不会讲话，也不知道怎么描述自己的成绩，但叫我干活，那随便都可以把我叫出来。”言语之间，尽显其至诚的性格特征及踏实的工作态度。

对于自己的岗位及未来的发展规划，梅建威始终坚守初心：“在其位，履其职，就要尽其责。做了这个工作二十多年，有一份情在，所以会一直坚持做下去。”

（撰稿：谢锟、郑茵茵）

用汗水写就川岛渔光情

李家党，1991年参加工作，1995年入党，现任台山下川供电所营销业务员。2007年以来，无是做班员，还是做营配综合班班长，或是现今的营销业务员，他始终兢兢业业、无怨无悔地扎根在偏远海岛，用辛勤的汗水书写无悔人生，与岛民结下了深厚的情谊，先后被评为江门供电局2016年度集抄先进个人和2021年第二季度“江门好人”。

被誉为“东方夏威夷”的台山市下川岛，面积只有98平方公里，四面环海，环境优美，是个旅游休闲的好地方。“椰林树影、水清沙幼”，是很多游客对下川岛的印象。不过在李家党眼里，这里还有另外一种景象：山路崎岖、阳光灼人、台风多发……

20世纪80年代初，下川岛的电力体制仍属“自供自管”，当时，发电成本长期居高不下，川岛原有的供电线路残旧不堪，供电可靠性较差，“用电难”成了制约川岛社会和经济发展的瓶颈。

李家党是土生土长的川岛人，虽然毕业后于1991年到珠海工作过一段时间，但最终难舍故土情，于1994年回到下川岛进入村委会任职，2000年又转入下川发电厂工作。2007年11月，广东电网公司接管了川岛电业，同时成立了下川供电所。李家党便从这个时候开始，成为南网人，为海岛电网“掌灯”。

2007年，在对岛上10千伏和0.4千伏线路进行全面改造升级时，由于很多施工点位于高山陡坡上，车辆无法通行，当时工程所需要的水泥、沙石以及建筑工人所需生活用品等，大多通过骡子组成的骡队运到山顶。很多施工项目所需的超长钢筋、大圈电缆、搅拌机等大型物件，因为不方便捆绑，骡队没法运。李家党和供电所的同事们，硬是靠肩扛背驮一回一回地运上去。说起那段改造川岛供电网络的艰难岁月，李家党仍是记忆犹新。

2008年9月24日，台风“黑格比”在上川岛飞沙滩登陆，狂风大作，暴雨如注。那时电网改造尚未完成，15级台风直接导致整个川岛海上断航，电网瘫痪。为尽快恢复供电，李家党与同事们在台风刚过就争分夺秒地赶赴现场进行抢修。

由于暴雨侵袭，很多地势低的地方水位直接没到了大腿处，行走起来异常艰难。不仅如此，抢修的故障点有的在泥泞的水田中，有的位于陡峭崎岖的山地上，抢修所需的一些物资物件，没法通过汽车运输，只能靠人力去搬运。这完全是一个拼体能、拼意志的苦力活，单单一条水泥杆，从山脚抬到抢修点，就至少需要4名大汉耗费几十分钟时间，其辛苦程度不言而喻。就这样，李家党和同事们或冒着风雨，或顶着烈日，在山上连续奋战了好几天。每天都从早上一直抢修到晚上，为节省时间，中午也不回所里休息，饿了就吃点饼干、面包当作午饭，接着再干。

在川岛，抗风抢修复电是每年的常规工作。每当台风来临，李家党总是在事前做好巡视线路、灾前清障、排查隐患工作。待台风过境后，就立即投身到排除故障、联络用户、抢修复电中去，如同一个不肯停歇的“永动机”，始终活跃在下川岛的大街小巷、山林田野。

企业在不断发展，技术不断进步。作为基层营销一线员工，李家党坚持做到工作不止、学习不止、创新不止。2009年，下川供电所抄表全面改造为低压自动遥抄。这是一项全新的技术，刚接触时，李家党说自己也是一头雾水，并不知道从何入手、能否做好。李家党认为：“要想保持自动抄表率，就必须做好日常维护，提高维护技术。”于是，他带领班员一遍遍地搜集翻阅资料，反复计算论证，最终研究出一台快速故障检测仪，大幅缩短了维护时间，提高了维护质量，将当地低压集抄抄表成功率提高到98%以上。

2013年8月底，受雷击影响，住有300多户村民的下川岛塔边村整个台区集抄离线。因为是月尾，过两天就进入抄表期了。为了不影响抄表，减轻抄表员的压力，李家党当晚就组织人员进行排查，更换烧掉的集中器1个、采集器6个、计量8个，仅用两天的时间就完成了自动化档案更新和调试，在抄表前就恢复了自动抄表。事后，他的工作受到了上级的表扬。

除了海岛线路运行情况，最让李家党挂心的，便是留守海岛的独居老人。其中独居老人最多的是下川岛芙湾村和塔边村，占比高达60%，平均年龄在八十岁以上，且多为五保户。李家党一直关心这些独居老人，为其提供周到的供电服务，尤其是用电安全问题。当地村委会主任说：“他一直做得很好。”

家槟村的谢奶奶在岛上独居，日常生活都是自己打理。虽然家里的线路残旧，但由于年岁已高，腿脚不便，无法自行更换。李家党得知这一情况后，主动上门服务，免费为谢奶奶检修线路、更换开关，解决其用电安全的后顾之忧。为帮助像谢奶奶这样的独居老人，李家党联系所在的党支

2018年4月，李家党（右）上门为孤寡老人家里更换电灯

部成立党员义工服务队，走村串户，定期检修户外低压线路、户内线路及用电设备，义务更换开关，消除用电安全隐患，用实际行动关爱独居老人，搭起党群关系的“暖心桥”。

有人戏言，为让每个岛民用好电，李家党患上了“三查三问”的“职业病”。走进村中，他一查村里的各条低压线路、墙上的街码以及电力线路走廊等是否存在缺陷情况；然后便开口询问用户最近的用电质量如何、用电是否安全、有什么困难需要帮助。

进入下川供电所工作十六年来，从最初参与川岛联网工程、农网改造，到后来协调落实免费电政策、优化电力营商环境，李家党都没有落下，成为了名符其实的海岛掌灯人，更成为了岛民的亲人，寒来暑往，春华秋实，他们早已结下了深厚的“渔光之情”。

（撰稿：郑茵茵、何婷婷）

守一方灯火　尽一份责任

陈求胜，1987年参加工作，1993年入党，现任新会大鳌供电所低压客服及计量用检班班长。自三十六年前来到大鳌岛起，他脚踏实地，埋头苦干，尽心尽力，用敬业与奉献守护着岛上的万家灯火，在坚守中发光发亮，在平凡的岗位上做出了不平凡的业绩。2017年被评为江门市“江门好人”，2019年荣获第七届“爱在江门”十佳道德模范称号。

提起“守岛达人”，新会大鳌供电所的员工都知道指的是“求哥”——陈求胜。他是新会供电局驻守大鳌岛时间最长的员工，为这里的电网建设、供电服务，整整坚守了三十六年。

1987年，二十岁的陈求胜来到大鳌供电所工作。当时，大鳌镇还是一座孤岛，目之所及，尽是稻田和水塘，只能通过水路到达，而他的家却在睦洲镇，所以每天都要在两镇之间来回摆渡。大鳌镇上只有一座35千伏变电站、3条10千伏线路，一些偏远的村子还没通电。1988年建设110千伏大鳌变电站，新增2条10千伏线路，架设的线路要经过一片片农田和水塘，才能到村里面。陈求胜说，供电所人力有限，就7个人，工器具也不完备，用斗车或板车载材料只能用人力推拉。车子到不了的地方，他就和工友们扛着水泥电线杆，踏着泥泞的田埂继续前行，肩膀上、手上经常被磨破皮。为了赶进度，起早贪黑、日晒雨淋都是些司空见惯的事。

大鳌岛四面环水，没有高山阻挡，一年四季基本都吹着大风。到了夏季，雷雨天气和暴风严重影响着岛内用电安全。20世纪90年代初，供用电设备相对简陋，每当有雷雨天气，跳闸、停电、倒杆等状况就会频发，一天七八宗事故抢修乃是“家常便饭”，众人忙得团团转，几乎没有停歇喘息的时间。但故障就是命令，陈求胜和工友把每一次抢修当成一场“历练”，一遇上大雨大风天气，大家都会自觉守在供电所内，积极准备，一发现有故障，便立即赶赴现场，及时修复。

陈求胜印象最深刻的一次抢修，是在2014年8月的一天。是时龙卷风、暴雨、冰雹同时来袭，大鳌岛的供电线路受到重创，4回10千伏线路断杆27基，铁塔损坏3座，400伏电杆断杆25基，新一、百顷、南沙、深滘、新地等5个村全部停电，大鳌岛瞬间成为一个电力孤岛。严重依赖电力供应的水产养殖业是当地的支柱产业，占全镇农业经济总产值超80%，晚通电一分钟，就意味着损失多一分。供电所里20多名员工全部出动，争分夺秒地投入抗风救灾工作，力争把损失降到最低。陈求胜带领班员一边进行线路故障统计巡视，一边全力做好抢修复电工作。经过全所员工36个小时的连续奋战，大鳌镇终于恢复供电。“见到大鳌的灯光一盏盏亮起，我感到很欣

● 2017年12月，陈求胜在认真核查库房材料台账

慰。”陈求胜说。

随着经济发展，大鳌镇各项经济建设如火如荼，电力系统改造扩建刻不容缓。具有强烈责任感的陈求胜，觉得自己应该做点什么，在本职岗位上尽些绵薄之力。从此，在大鳌岛上，他每天走街串巷、走门串户，询问村民的用电情况。通过走访调查，他掌握了所负责的5382名用户的情况，而且对每户的情况都了如指掌，为大鳌变电站改造方案提供有力数据支持。

2005年，110千伏大鳌变电站二次改造扩建工程顺利投产，9条10千伏线路正式投运；2022年，进一步优化增至13条出线，大鳌镇用电环境有了翻天覆地的变化，电力先行，进一步助力乡村振兴，该镇被评为“全国‘一村一品’示范村镇”和“农业产业强镇”等。陈求胜说自参加工作以来，他先后参加了超过1000项农网改造工程工作。其中苦累难以言表，这么多年能熬过来，连他自己都觉得不可思议。看到灯火通明的大鳌岛，陈求胜颇有感慨：“这一条条供电线路是我们一米一米架设起来的，走在热闹繁华的街道上，还挺自豪的。我是睦洲人，家也在睦洲，但我觉得自己更熟悉大鳌这片土地。”

2017年，陈求胜获评“江门好人”。大鳌供电所党支部书记彭伟宏说：“陈求胜同志在大鳌供电所已经三十多年，是班长也是党员，期间，他一直没有怨言，在供电服务、电费回收、电网安全等方面他做了大量工作，始终起着党员模范作用。”班员则说：“平时求哥和我们打成一片，是工友，但更像兄弟，他工作勤劳，任劳任怨，带领我们班组扎实开展工作。他经常教育我们，我们守护的是万家灯火、喧嚣人间，马虎不得！”

如今，回望走过的路，陈求胜表达更多的是一种家乡情怀：“人生没有多少个三十年，能在一个地方一待就是三十多年，也是一种幸运。大鳌这个地方之于我，就是另一个故乡，我走过了这里的每一寸土地，可以服务这里，我很高兴。”

斗转星移，岁月更替。陈求胜始终坚守初心，牢记责任，脚踏实地，成为一名在平凡岗位上干出了不平凡成绩的“守岛达人”，展示一名基层党员的忠诚、责任与担当。

“虽然我们每一天、每一年的工作都大同小异，但我不会因此厌倦，反而会更加细致，更加努力，我会继续守着这份责任，守着这个地方。”陈求胜这样说。

（撰稿：邓贤添、梁嘉淇）

以担当立身　以实干立行

黎番朝，1986年参军入伍，1990年转业，1991年入党，现任恩平大田供电所配电中压运维班班员。自入职以来，他退伍不褪色，任劳任怨，不求名利，一直在基层一线挥洒汗水，数十年如一日地在本职岗位上默默耕耘奉献，将责任与担当融入到为民服务的方方面面，被评为江门供电局2019—2021年度优秀共产党员（扎根偏远专项）等。

高瘦的个子、笔直的腰板、瘦削黝黑的脸庞——一眼看去，黎番朝瘦骨嶙峋，实际上却是一名当过侦察兵、退役后工作至今已逾三十三个年头的老电力人，是恩平那吉供电所的“活地图”，员工眼中的“万能老倌”。

1986年10月，黎番朝在广西某部队侦察连服役。退役后他回到恩平，在横陂镇洪滘墟工作一年后，便回到家乡那吉镇，从事农村电网建设及运维工作。在工作中，黎番朝仍然带有一股冲锋在前的军人作风，想尽办法去完成每一项任务。不论是防范电网设备盗窃破坏，还是线路设备故障抢修，或是农网改造涉及的征地、青赔，又或是线路“黑点”清障等最难啃的“硬骨头”，他都是召之即来、来之能战、战之能胜。

“朝叔是部队侦察兵出身，擒拿手法很是了得。”提起多年前蹲守伏击盗窃供电设施的盗贼一事，一同参与行动的员工对黎番朝一人勇擒窃贼的壮举竖起大拇指。

2005年初冬，那吉供电所辖区多条村落接连发生供电线路被盗的案件，不仅造成了严重的经济损失，还对群众用电产生了严重影响。为此，那吉供电所成立由6名员工组成的“供电设施捍卫队”，由黎番朝带队，三人一组，兵分两路，在盗贼最有可能作案的配变台区进行夜间蹲守伏击，守株待兔。可是一连三个通宵伏击，均无果而终。部分队员因太过疲倦、身体吃不消，纷纷打起了“退堂鼓”，而黎番朝和另一位队员却坚持了下来。到第六个晚上凌晨，独自蹲点伏击的黎番朝终于发现两名盗贼正在盗窃电力线材，他连忙致电求援，然后慢慢地向盗贼靠拢。不料此时，邻近村庄传来村民的呼叫声和狗吠声，两名盗贼闻后惊慌逃窜。事不宜迟，黎番朝见状后不顾危险，只身一人上前阻拦。穷凶极恶的盗贼看见只有黎番朝一人，立刻挥舞着手中的作案工具，两面夹击黎番朝。一番搏斗之后，黎番朝成功将其中一个撂倒，另一个盗贼则被赶来的村民团团围住，逃脱不得亦被擒获。“番朝同志勇擒盗贼的事迹，给我们树立了一个很好的榜样。他有着不畏艰难、顽强拼搏的钢铁意志，还有着属于退役军人的英雄气概，一直以实际行动诠释着一往无前的党员精神。”谈起此事，那吉供电所党支部书记覃忠文对黎番朝充满敬佩。

恩平那吉供电所管辖线路多数穿越山区丛林，2010年亚运会召开前，多条西电东送线路途经那吉镇，辖区内多处树障“黑点”威胁电网运行安全。当时，多个林区主人认为青苗赔偿的金额太少，阻挠树障砍伐。那吉供电所于是联合公安部门成立临时党支部，列出农户人员名单逐个上门访谈。黎番朝作为临时党支部的一员，数次走访林区主人，讲政策，套交情，花了很长一段时间和精力，终于啃下这块“硬骨头”，说服农户们最终同意工作组砍伐，使困扰许久的黑点树障得以清理，完成了亚运会保供电任务。

黎番朝负责管理的14条支线、近50公里的10千伏线路——是那吉辖下管理难度最大的线路区域之一。重担压肩，他没有抱怨、没有退缩，迎难而上，总是脚踏实地、精心耕作好本职岗位这块“责任田”，到点到位地开展巡视、清障和各项维护工作。多年以来，他负责的辖区未发生过一次电网运行事故。

长期的工作经历与抢修实战，黎番朝对那吉的线路设备分布情况十分熟悉，加之当“侦察兵”时练就的敏锐的洞察力，使他能根据停电范围、天气情况、线路设备健康状况等，迅速判断出事故的基本性质和位置、故障点和故障原因。“番朝同志工作经验丰富，洞察力敏锐，是排查设备隐患的一把好手”，说起黎番朝，那吉供电所配电中压运维班班长冯炎斌掩盖不了赞许。

2012年2月14日，那吉供电所一条架空10千伏线路发生故障，经现场巡视和使用仪器测量，都没有找出引发故障的原因，恢复送电后线路也运行正常。但是这个隐患如果不能及时找出并排除，无疑是线路运行安全的一颗定时炸弹。可是十多公里的山区线路，加上线路已供电，彻查隐患点就如同大海捞针。为此，那吉供电所召开党员大会商讨解决办法，决定由黎番朝带领3名员工，组成“查障小分队”进行巡查。最后，他根据导线上的一个小灰点，判断故障是由远离线路200多米的某矿场进行定点爆破作业时，爆炸飞溅的石块击中导线引起的相间短路。后经调查核实，他的判断是正确的，同事们无一不被他敏锐的洞察力所折服。

● 2023年5月，黎番朝在清除配电线路附近的树障

黎番朝在那吉供电所工作了三十多个年头，熟悉那里的山山水水、村村寨寨、家家户户，成了当地的一块“活招牌”。2023年4月，黎番朝调任到大田供电所，但那吉镇的村民依然与他保护密切联系。“朝叔是我们那吉镇本地人，平时我们村民与他打交道可多了，哪家停电了，第一时间就想到给他打电话。”村民张叔说道。同样地，群众的需求也是黎番朝念念不忘的牵挂。“工作这么多年，我手机从未关过机，就怕有用户有急事找不到我。”黎番朝说。

扎根基层三十余载，黎番朝以担当立身、以实干立行，始终心系群众，真心实意地把群众的事当作自己的事来办，在平凡的工作岗位尽忠职守，彰显了一名南网人为民服务最纯粹的底色。

（撰稿：黎君仪、张婉婷）

退伍不褪色　续写新荣光

张国坚，1995年参军入伍，1998年入党，1999年转业，现任开平沙塘供电所配电运维班班员。入职二十多年来，他转业不转志，永守初心，时刻保持着严谨的作风和坚韧的品格，始终扎根在供电服务的第一线，奋战在急难险重的最前沿，坚守在农网建设的主战场，用一腔热血继续发光发热，守护万家光明，守护一方烟火。

“张国坚。”

“到！”

虽然已经褪去军装二十四年了，但这份从军营中培养出来的习惯，早已镌刻在张国坚的脑海里。只要喊起他的名字，他总会下意识地应一声“到”，随即第一时间接受组织任务，投身到为群众解决用电诉求的客户服务工作中。

初到开平沙塘供电所，半路出家的张国坚一开始并不适应电网的工作，面对电力专业的技术理论与业务操作，常常感到力不从心。每当此时，他身上那种军人特有的执着与韧性便会充分展露，不服输的念头及自身的潜能再次被激发。为迅速胜任工作，不论是电费催收还是设备巡视，他总是会比别人多带两样东西：一支笔、一本笔记本。即便是七、八月的炎炎夏日，他仍旧坚持每天在所管辖的台区进行徒步勘查。“丽新企联村三巷16号有要上门回收电费的独居老人；文化公用台变0.4千伏线路负荷增多，可能会导致三相不平衡……”这是张国坚笔记本的一小段记录。长年累月的坚持，让他对供电辖区内每个角落、每一基杆塔的方位，甚至台区每户客户的用电情况都了然于心。

时光荏苒，但张国坚疾行的脚步并未放缓。随着数字化电网的普及，传统的人工抄表和经验识路也逐渐被电网信息化取代，而他的笔记本上也密密麻麻填满了各种智能化系统操作流程。在这些被翻得皱巴巴的笔记本上，他用“笨拙”的画技和文字，详细地记录下配网急修、业扩新装、计量自动化等各类业务指引。“一人分饰多角色，样样皆出色”，多年下来，张国坚逐渐成为沙塘供电所公认的全能服务好手。

“我们所里的每个人都希望能和坚哥出工，能讲又能做，还会经常给我们‘开小灶’，有他兜底，我们既放心又安心。”已经是低压营销服务班班长的刘俊豪谈起那段共事的日子，总是止不住地夸赞。刘俊豪刚入职的时候，每次张国坚到现场处理工单时，都会把他带上。一开始，张国坚让刘俊豪在旁边仔细观看，边操作边讲解要点和规范，三四次之后就会鼓励他亲自实践。有时刘俊豪卡顿遇到问题，张国坚也依旧耐心地在旁边指

● 2022年9月，张国坚（右）走村串巷为客户解答用电问题

导，直到改正。对于客户的用电问题咨询，张国坚总会主动地走访回访。刘俊豪发现，走访回访每次都能解决不少问题。张国坚对他说，主动走访回访就是给客户表明真诚态度，表明我们能设身处地为对方考虑，更重要的是，可近距离地摸清客户用电情况，了解客户需求。

遇到班组其他同事休假，张国坚会毫不犹豫地顶上，对这些“额外任务”毫无怨言，无论有多么忙碌，他总是非常上心地完成同事托付。2022年7月，沙塘供电所的一位同事因胆结石休病假30余天，张国坚毅然替他承担起这一岗位工作。即使同事休完病假回来，为了能让他有更多的休息时间，更好地恢复身体的状况，张国坚依旧为他分担大部分的工作。张国坚说，在部队时，两人一队，经常采取背靠背的方式进行演练，即把自己的后背交给战友守护，协同前进。如今在供电所工作，替有事的工友顶岗，也一种背靠背式协作，他愿肩负好这份信任，用心做好同事托付的工作。

“当年的老师傅对我要求很严，就像连队的教导员一样，手把手带我，一边‘骂’一边教。因为有了他们，我才能不断进步。”转业多年的张国坚，如今亦成为沙塘供电所的“老师傅”“教导员”，奔忙在供电服务的这个新的“战场”上，续写着新的荣光。对新进的青年员工，张国坚更是倾注了全部的耐心、诚恳与热情，带着他们用脚步来丈量沙塘镇的每一寸土地，毫无保留地传授自己的宝贵经验，获得了同事们的一致认可。近五年来，张国坚累计获得3个年度绩效A级，业绩突出。

芙冈村是精准扶贫点，其常住人口中老年人占三分之一以上，多为独居老人。在村里老宅内，电线绝缘老化破损、各种电线穿堂而过的现象随处可见。面对这一状况，张国坚一户一户挨家排查，主动上门开展服务，为独居老人更换破损老旧的线路，维修损坏的开关面板，加装更安全的漏电保护器和空气开关。一些老人因误会而产生抵触心理，他总是拉着老人的手，诚恳耐心地说明着存在的危险和整改后带来的便利。“群众的事不分‘表前表后线’。”对于张国坚来说，“表前”是应尽的职责，“表后”是无法割舍的牵挂。

“国坚又来看我了，他还叫我‘阿嫲’。看到我家电灯开关坏了，他说他记在心里。第二天一大早他就过来给我换上了。”在贫困户劳翠限的眼里，四十七岁的张国坚就像是自家孩子。张国坚真诚待人、乐于助人的品格，赢得群众的普遍赞誉，连续多年始终保持客户“零差评”就是最好的证明。

张国坚恪尽职守、不惧劳苦、真诚服务的精神，如一面深深扎根在基层一线的旗帜，鲜艳无比，在无声地影响着沙塘供电所的党员群众。张国坚“一人多专，一步到位”的工作追求，逐渐成了全所员工必备的专业素养，即使是面对跨专业的工作业务，他们也能够准确高效地找出问题症结所在，一步到位地解决客户的用电诉求。张国坚“电话叫，电工到”的客户服务准则，也悄然在员工心中扎下了根，有力地带动了供电服务水平的提升。

（撰稿：曾耀正、何婷婷）

活到老　学到老　做到老

冯桔昌，1992年参加工作，1997年入党，2018年退休，原鹤山雅瑶供电所营配综合二班班员。自入职以来，他一直坚守在抄核收工作岗位上，把对雅瑶这片生他育他家乡的深情，转化为工作热情，默默耕耘，无私奉献，曾被评为江门供电局最美抄表工。他善学善为，即使临近退休，仍勤学不辍，2018年获鹤山供电局营销低压集抄技能大比武个人第一名。

被大家亲切地称为“桔叔”的冯桔昌，是1992年就入职鹤山雅瑶电管站（后改制为雅瑶供电所）的一名有着二十多年党龄的老党员，是数十年雅瑶镇电力改革发展的参与者、见证者。

“变化真的是太大了，远远超出所有人的想象。”弹指之间，斗转星移，当供电所由最初的手动抄表、入户收费，转变到现今的智能电表低压集抄，自己也从血气方刚的青年到现在满头白发的老人，冯桔昌心里感慨岁月流逝之余，更对电力的巨变充满着自豪。

2018年广东电网公司全面启动智能电表和低压集抄工作。面对新知识、新业务，年过半百的冯桔昌仍然不甘人后，像年轻人一样刻苦钻研、躬身实践，最终完成了从“抄表员”到“网格经理”的华丽转身。

“以前从来没有想过，抄表这个工种会发生这么大的变化，而且是说变就变。”其实刚开始时，冯桔昌还是感到有些茫然的，觉得自己年纪大了，对能否适应如此大的变化难免心存疑虑。但他很快就坚定了信心，因为从人工收费到预收费，到使用支付宝、微信缴费，他都是逐步学习适应，一路通关而来。即便现在已临近退休，他也要搭上这趟变革“末班车”。“活到老，学到老。即使要退休了，也不能掉队，必须跟上步伐，抓紧学习！”于是，冯桔昌保持着对工作的热情，跟着年轻员工一起学习新知识，坐在电脑前敲着键盘进行智能远程抄表，通过集抄系统实时查看每个台区的运行情况。

随着业务转型，不再需要像以前那样必须到每户人家家里进行电表核对，冯桔昌的学习时间更多了，他也很快就熟练上手。由于一些技术原因，目前还不能实现所有电表都准确无误地远程抄录，有的时候还是需要员工到现场补抄，同时得查找出原因并对其进行维护。此时，冯桔昌总能凭借几十年的工作经验，迅速消除故障，完成集抄任务。在退休前几个月，他以年纪最大的参赛队员的身份，夺得鹤山供电局低压集抄技能竞赛第一名，令不少年轻人汗颜。

雅瑶镇村落众多，辖区内1万多户居民几乎都认识这位“桔叔”。刚换智能电表的时候，居民们都有很多疑问，电表会不会转快了？电费会不会收费了？针对这些问题，冯桔昌上门服务，逐家挨户地宣传解释阶梯电价政策、集抄应用流程等，还组织人员在村里现场做测试，为大家答疑解惑，把服务做到群众心坎上。雅瑶镇平岗圩企业负责人胡欣荣回忆说：“桔叔每次要客户交电费或者催缴时都亲力亲为，有时下雨开摩托车一样照来。客户平时用电方面有什么困难，或者断电了，第一时间都是找他的。”

每次进村工作，冯桔昌都会随身携带一些工器具，遇到百姓电灯不亮或需要帮助时，总是像邻里一样热心帮助客户解决用电困难。每到抄表轮换周期，村民都舍不得他走。在雅瑶镇陈山坑，一位行动不便的老人家胡柏良说：“桔叔很热心，也很关心我们这些街坊，每次经过我们家都会问问家里的用电情况，他已经多次帮我更换灯泡了。”对此，冯桔昌说：“我们得把客户当成自家人，干自家活、对自家人怎么能不好呢？作为一名电力人，一名党员，我觉得必须把活干好了，才能问心无愧。”

2018年9月16日傍晚，强台风“山竹”在鹤山这片土地上肆意狂舞，树

2018年9月，冯桔昌（前右一）在抗风抢修复电现场准备架梯接线

倒、杆斜、线断、水浸，雅瑶镇部分线路受损。

“叮叮叮……”21时许，雅瑶供电所的电话机突然响起，附近一个居民称自家已经停电，请供电部门派工作人员过去抢修线路。当时风力已经减小，天空还下着小雨，冯桔昌马上穿上工作服和雨衣，戴上安全帽，拿上工器具和同事一起出发。

赶到故障点后，抢修队立即对线路周边环境进行排查，发现该线路电线已被树木压断，便迅速制定抢修方案。冯桔昌赶紧穿上绝缘靴，披挂上阵，挥刀砍树，上梯接线，丝毫不输年轻人，连夜为该居民恢复了用电。稍稍休息了几个小时后，次日早上他又出现在其他线路故障点。验电、撤旧线、换新线……尽管衣裤、鞋袜都湿透了，但他始终没有停下手上的工作。

一连几天，冯桔昌都是早出晚归，一直冲在救灾复产的前线，有时一天甚至要去10个故障点抢修，雅瑶镇许多村庄都留下了他的足迹。“年纪大，不是退缩的理由。”冯桔昌说，“这次很有可能是我最后一次参与台风抢修了，所以倍加珍惜与同事们一起作战的机会。”

2018年12月30日，是冯桔昌退休的日子，他却申请在退休前值守夜班。这一天，他默默地整理好自己的工作资料，方便其他同事查阅。然后来到工器具室，一个个检查工器具。“转眼就要退休了，很快就要迎来新的生活，我也要学习新的东西，希望能尽点力量帮助社区，帮助别人。”冯桔昌摸着手上的安全帽说道，眼里闪烁着光。

巡视线路、采集维护，数十年如一日地坚守，冯桔昌把自己的青春全部奉献给了电力事业，在平凡的岗位上做出了不平凡的成绩，电费回收率始终保持100%、客户走访完成率始终保持100%……这些数据，浸透了冯桔昌经年累月的心血与汗水。即使在临近退休的年纪，他仍演绎着老当益壮的别样精彩。

（撰稿：许湘粤、易炎荣）

有一分光　就发一分热

伍小红，1982年参加工作，1990年入党，2017年退休，原台山大江供电所营配综合二班班员。从业三十多年来，她一直从事抄核收工作，兢兢业业，敏思好学，练就一身扎实的专业本领。她扎实基层，关心同事，乐善好施，积极参加扶贫帮扶等爱心公益活动，送温暖解民忧，做到了联系“零距离”，关爱“无缝隙”。2015年获评江门供电局“最美一线工”。

“党这么信任我，我就不能辜负党！”1990年，作为班组的第一名党员，伍小红在入党时曾这样说过。几十年来，她也是这样做的，切切实实地发挥了党员先锋模范作用。翻开她个人历年工作成绩单，被评为台山供电局先进个人12次、工会积极分子6次、优秀共产党员4次……可谓是荣誉满满。

同时，她还全力做好“传、帮、带”工作，用心培养青年员工，帮扶落后员工，推动创先争优活动，助力班组先后10次获评优秀班组。大家都亲切地称呼她“红姐”，而“暖心”，就是班组同事对这位“红姐”最多的评价。

同事们总是说，有“红姐”在总是能让他们特别安心。伍小红对于抄表工作总是能够严格把关，每个月都对电费超差变化异常的用户认真分析。有伍小红在，绝不会出现估抄漏抄的现象。

进入20世纪90年代后，江门供电局在全省率先建立起电力营销管理信息系统，伍小红带头主动学习，首先熟悉掌握新系统的应用，然后就耐心地教班组的其他同事。

熟悉伍小红的人都知道，伍小红是一个对自身业务技能有着很高要求的人，她总是积极主动参加各种专业技能等级考核。在她的抽屉里，高级工资格证、用电检查证、技师资格证书、助理工程师技术资格证等应有尽有，即使在临近退休的几年，她都没有放松学习，考试的成绩丝毫不输青年员工。

伍小红的“暖心”，不仅体现在她过硬的专业素养，更体现在她对班组的责任心和集体意识。作为一名老党员，伍小红积极协助班长推进班组“三基工程”建设，主动担起班组培训的重任。根据实际，她有针对性地在班组内开展线损分析，计量缺陷处理等技能技术培训，用心带好徒弟。在她的精心教导下，徒弟李超华、秦月叶成为班长；李文辉、阮朝新等4名班员积极参加职业再教育，提升自身的知识水平和业务素质。在伍小红的带领下，她所在的班组多年获得“企业优秀班组”称号。

除了担起班组重任，温暖同事的心，伍小红还认真细致地做好供电服

● 2015年4月，伍小红（左）在给客户派发电费单

务工作，用真诚温暖了客户的心。

在乡间村巷，人们总是能够看到一个微胖的身影，挨家挨户地抄录电表数据，这是伍小红职业生涯中做得最多的一项工作。日子久了，村民们和伍小红也熟络起来了，伍小红渐渐成了十里八乡有名的"热心肠"，大家听到伍小红爽朗的笑声，就知道"热心肠"来了。

早些年，在抄表的过程中，伍小红发现有的家庭只有老人和留守儿童在家，日子过得十分艰难。例如张阿姨，是一个独居老人，每月几十块的电费都交不起。伍小红思来想去，总觉得应该为他们做点什么。她除带头组织党员突击队捐款捐物外，还为低保户、五保户免费检修室内线路，安装节能灯，传递了党的暖心，弘扬了正能量。三十多年来，伍小红也与乡亲们结下了深厚的情谊。

伍小红作为一名老党员，总觉得自己奉献还不够多，总想为身边的人民群众多做点什么。她主动向所长提出，要为所里的善小爱心社多出一点力。她主动牵头发起爱心基金募捐活动。身边的同事都被她的言行所感动，纷纷主动投身公益，共募集爱心基金6720元，用以帮助无电困难五保户、社区困难党员、困难职工等；多年来，每逢国家发生地震、洪涝灾害，她积极发动群众为灾区捐款捐物，累计收集各项善款达3000多元；2020年新冠疫情暴发时，她听说社区人手不够，主动报名成为志愿者，真诚地为社区居民服务，做到联系“零距离”，关爱“无缝隙”。

身边的同事都说，伍小红不爱吃不爱穿，永远是为别人付出最多的那个人，也是最快乐的那个人。2017年5月伍小红退休后，仍然活跃在人们的视线中，继续发光发热，为身边的群众和退休职工热心服务。她经常到独居的老人家中关怀他们的生活起居，给身边生活困难的群众提供力所能及的帮助。她主动承担起本单位退休职工的联络工作，一有空就到退休老职工家里走访，了解退休职工的晚年生活，与困难职工聊家常，化解他们心中的孤独，送去党组织的关怀。

伍小红对去她家里探望座谈的青年员工说：“这个世界上需要帮助的人还有很多，你们要把自己身上的光和热更多地用到身边有需要的人身上去，‘红姐’虽然退休了，但我还年轻，还要和你们一起有一分光发一分热！”

“有一分光，就发一分热”，这个信念犹如那枚党员徽章始终在她的胸前闪耀。退休的伍小红依然是大家心中的一抹暖阳，依然是年轻一代敬业奉献的楷模。

（撰稿：伍嘉阳、陈婷）

后　记

《有温度的党组织》一书是南方电网广东电网公司江门供电局党委精心组织编写的企业党建图书。该书从策划、征稿、修编、审定到最后印刷出版，历时10个月。

党的十八大以来，江门供电局党委根据全面加强和改进党的建设的新形势、新任务、新要求，积极探索并推进基层党建理念创新、机制创新、手段创新，不断增强基层党组织的政治功能和组织力，把国有企业基层党组织打造成为坚强战斗堡垒，并用心用情打造有温度的党组织，取得了丰硕成果，被评为2019—2021年度广东省先进基层党组织。为进一步扩大影响、促进交流，江门供电局党委决定将相关成果汇集成书，于2022年7月正式启动编纂工作。随后，即发文向各部门、县区局、二级单位及大集体企业广泛征集稿件；同年9月和11月，先后召开了两次专题写作培训班，讲授了编纂的基本思路和撰写要求，并指导各作者现场改稿。收集的稿件经综合比对、筛选、增删和修改后，遂形成现在的篇目。

全书共分三章，第一章为“暖阳——守正创新引方向”，主要收录江门供电局各级党委新时代加强和改进党建工作的探索和实践的典型案例；第二章为“暖流——凝心聚力促发展”，主要收录各党支部推动党建工作与业务工作深度融合的先进经验和做法；第三章为“暖风——敬业奉献书热诚”，主要收录直属各单位涌现的优秀党员的先进事迹。本书合计收录各基层单位典型案例26篇、先进人物25篇，约30万字，图片125张。

为做好该书的编写工作，江门供电局党建工作部组织覃超一、谢锟、张婉婷、梁嘉淇、何婷婷、苏金海6人进行改稿工作。其间，通过多次与原作者电话访谈、邮件沟通，补充了文章内容，调整了文章的行文风格和结构。最后，由覃超一负责对全书进行集中审定，逐一对每篇文章的标题、措辞、细节等进行修改润色，对全书的架构作修补和调整，对封面和内文设计风格进行审核，对每张照片进行筛选、剪裁与调校，同时还执笔撰写了本书的前言、后记及章隔语等。此外，为提升本书的编写水平和质量，我们还专门邀请全国电力系统党建工作专家覃桂平作培训指导及编辑顾问，其传授的理论知识、实操方法、经验见解以及提出的相关意见与建议，为整个工作的顺利推进奠定了基础。2023年5月，该书定稿，交出版社排版、审校和出版。

本书编写过程中，我们得到了各级领导的垂注和关心，得到了直属各单位、各部门和广大作者的配合和支持，得到了南方日报出版社的鼎力相助。在此，谨向所有为本书出版付出辛勤劳动的单位、部门和个人表示衷心感谢。

由于典型案例和人物事迹收集整理涉及范围较广，编辑工作量较大，书中难免会存在一些不尽如人意的地方，如出现一些错误及纰漏，敬请读者批评指正。

编者

2023年5月